Gudrun Zydek

Lebenswürdigkeiten

Aphorismen - Sprüche - Weisheiten

Band I

Gudrun Zydek

Lebenswürdigkeiten

Aphorismen
Sprüche
Weisheiten

Von Gott, den Menschen und der Welt

Band I

Bibliografische Information der Deutschen Nationalbibliothek:
Die Deutsche Nationalbibliothek verzeichnet diese Publikation in der
Deutschen Nationalbibliografie; detaillierte bibliografische Daten sind
im Internet über dnb.dnb.de abrufbar.

© 2022 Gudrun Zydek
www.gudrunzydek.de

Design und Layout: Klaus Zydek

Herstellung und Verlag: BoD – Books on Demand, Norderstedt

ISBN: 978-3-7543-8523-4

„ALLES IM LEBEN ERZÄHLT UNS VON UNS SELBST."

INHALT

INHALT

VORWORT

Ich habe sehr spät im Leben angefangen zu schreiben, unter anderem Gedichte. Als Fremdsprachensekretärin war Sprache für mich immer mehr als bloßes Verständigungsmittel. Das Schreiben drängte sich mir allerdings erst spät in meinem Leben auf, hat mich jedoch seitdem nicht mehr losgelassen.

Dabei merkte ich, dass meine Gedichte häufig in Aussagen mündeten, die den Rest des Gedichtes fast überflüssig machten, und verfasste von da an meist nur noch Aphorismen und Sinnsprüche – mit stets wachsender Begeisterung übrigens.

In meinen Texten, Aphorismen, Sinnsprüchen und Gedichten schreibe ich buchstäblich über Gott und die Welt – Sichtbares und Unsichtbares, Materielles und Spirituelles. Auch im Alltäglichen und Kleinen die großen Prinzipien des Lebens „ent"decken, denn: In jedem Teilstück des Lebens verbirgt sich das Ganze.

Ein guter Aphorismus hat viel gemeinsam mit einer guten Soße: Beide entstehen durch Reduktion des Überflüssigen auf die – gehaltvolle – Kernaussage.

Wenn ich sehr hochgestimmt bin, schreibe ich Euphorismen, bin ich über etwas entsetzt, werden es auch schon mal Dysphorismen. In der Regel bleibt es aber ganz ausgewogen bei Aphorismen.

Jedenfalls bin ich heftig vom „Aphorismus-Fieber" befallen.

Das Aphorismus-Fieber (griech.: aforismó pyretó) wird übertragen von einem Virus der Gattung Kreativität und trifft ausschließlich denkende Menschen. Es verläuft in Schüben und ist unheilbar, wenn auch nicht tödlich. Man stirbt nicht an, aber mit ihm.

Das geschriebene Wort: Was nicht direkt autobiographisch ist,
ist es indirekt.

Ich lebe und arbeite in Hennef/NRW.

Meine Bücher:

„Komm, ich zeige dir den Weg!"
Unser Weg durch das Leben in inspirierten Schriften

„Himmlische Regentropfen" Gedichte

Gudrun Zydek

Das Buch „Lebenswürdigkeiten" Band II
          Aphorismen * Sprüche * Weisheiten
setzt den vorliegenden Band I mit folgenden Themen fort:

I.   Von Freundschaft, Liebe und Licht
II.   Von Entscheidungen und Beziehungen
III. Von Dichtung, Leben und Miteinander
IV. Wie das Leben so tickt
V.   Von Tugenden
VI. Vom Inneren und Äußeren
VII. Sonstiges, auch zum Schmunzeln

I. Von Gott, Engeln und Glauben

Gott, Engel, Glaube, Religion, Gebet, Gewissen

„Auch wer nicht an Engel glaubt, kann für andere ein Engel sein."

Gott

Der Anfang

Gott bewegte sich und er dachte und er schuf.
Und Gottes Bewegung wurde Licht
und sein Gedanke war die Liebe.
Und beide zusammen schufen das Leben
und war so ewig wie der,
aus dem es gekommen.

Das Licht Gottes

Das Licht Gottes ist die Energie der reinen Liebe,
die unseren gesamten Kosmos und alles, was darin
lebt und atmet, aus sich heraus bewirkt, durchdringt und erhält.
*
Gottes Licht leuchtet über alle Menschen, warum sollte
er einen bevorzugen aus einer Laune heraus? Wer so denkt,
überträgt menschliche Eigenschaften auf Gott.

Das Wort Gottes

Der Unterschied zwischen Gott und den Menschen:
Gott ist mit zehn Geboten ausgekommen.

*

Die Bibel, das Wort Gottes, kann nie alt werden oder aus der
Mode kommen, denn das Leben selbst ist alterslos,
ist zeitlos, ist ewig - so ewig wie Gott,
von dem es kommt.

*

Gott hat seine Gesetze, seine Zehn Gebote,
nicht mit einem Haltbarkeitsdatum
oder einer Verfallsangabe versehen,
denn eine ewige Wahrheit bleibt immer
ewige Wahrheit, ganz gleich,
wie sich die Zeiten ändern mögen.

*

An den Zehn Geboten gibt es nichts zu verbessern.
Verbessert werden können nur die Fehler, die
Menschen bei ihrer Auslegung gemacht haben.

*

Die Gebote Gottes sind im Grunde ihres Wesens
so einfach und klar, wie alles,
was unumstößliche Wahrheit ist.

*

Würde jeder Mensch nach den Gesetzen Gottes
tatsächlich leben, wir hätten den Himmel auf Erden.

ER

Wisse, Er allein ist Himmel und Erde zugleich,
ist das Vakuum und die Fülle, ist Tod und Leben!

*

Nie bist du allein, denn in allem,
was dich auch umgibt, ist Er zu finden
und spricht zu dir.

*

Immer steht Er an der Pforte deines Herzens
und wartet auf Einlass.

*

Er ist dein Schutz und deine Kraft, Er steht allzeit für dich bereit.
Er ließ es zu, was du geschafft, Er gab dir die Gelegenheit.

*

Im liebenden Herzen Gottes wohnt die Gnade.

*

Bleibe Ihm treu, so wie Er dir immer treu bleibt.
Verschließe Ihm nicht dein Herz.
Wer tröstet dich sonst in der Nacht
und bei des Tages ewiger Mühsal?

*

Lade Ihn ein,
an deinem Leben teilzunehmen,
und bereitwillig wird Er dich leiten,
führen, trösten.

*

Er ist das Heute, Gestern, Morgen,
zu Ihm bring alle deine Sorgen.
Bring Ihm die Qual und deinen Schmerz,
doch bring Ihm auch dein liebend Herz!

*

Was du auch brauchst, hält Er bereit.
Er ist die Hoffnung allezeit.
Er ist der Glauben und der Sinn,
ein jeder Weg führt zu Ihm hin.

*

Wunderbar sind Seine Wege,
wandelst du in Seiner Hut,
über Tiefen, Höhen, Stege
sicher ist dein Weg und gut.

Göttliche Ordnung

Nichts kommt von ungefähr - alles ist eingebettet
in göttliche Ordnung.

*

Alles ist eingebettet in göttliche Ordnung.
Kein Segen wird dir vor deiner Zeit zuteil,
und keiner kommt für dich zu spät.

Gottvertrauen

Gott enttäuscht unser Vertrauen nie, denn er ist das Vertrauen.
*
Vertrauen in Gott ist wie ein Anker, der uns sicher festhält auf

unserer Lebensreise, mag es auch noch so stürmen und tosen.
*
Gott ist näher dir als selbst die Luft, die deine Lungen atmen!
*
Bevor Gott uns das Geschenk seiner grenzenlosen Fülle
geben kann, braucht er unser Geschenk des unbedingten
Vertrauens in ihn.
*
Tatkraft zusammen mit Gottvertrauen vermag Großes.
*
Gott hat Möglichkeiten,
von denen Ikea nicht mal träumen kann.
*
Gottes erster Gedanke war die Liebe.

Menschlicher Gott

Viele Menschen
kommen mit Gott nicht klar,
weil sie einen entscheidenden
Fehler begehen:
Sie vermenschlichen Gott,
indem sie ihre Eigenschaften
auf ihn übertragen.

Der freie Wille

Der freie Wille ist das Schwert, das Gott jedem
Menschen mitgegeben hat als Werkzeug für
Gut und Böse, als Werkzeug für oder gegen sich selbst.

Gottes Hand

Wer an Gottes Hand wandelt,
muss niemals Angst haben.
*
Gib dein Leben und deine Wünsche vertrauensvoll in Gottes
Hand, denn glaube mir, niemand könnte besser planen!
*
Trauen wir uns zu, dass wir stark sind,
dass wir erfolgreich sind, dass wir etwas wert sind,
so viel wert, dass Gott uns *niemals* aufgibt,
was immer wir auch selbst von uns halten mögen.

Finde Gott

Gott lässt sich von jedem bereitwillig finden,
der ihn aufrichtig sucht.
*
Es gibt keinen Gott, alles ist Schicksal.
Was, bei Gott!, ist Schicksal?
*
Niemand kann beweisen, dass Gott existiert,
aber dass er nicht existiert, auch nicht.

Gottes Seligkeit

Wer Gott in seinem Herzen sein Eigen nennt,
der hat die Seligkeit, das Anrecht dazu, bereits in sich.

*

Selig oder heilig kann man nicht gesprochen werden.
Selig oder heilig ist man - auch ohne den Segen der Kirche.

Gott definiert dich über das Herz

Menschen definieren sich über viele Dinge
wie Schönheit, Können, Erfolg, Anerkennung,
Geld, Intelligenz und Macht.
Kaum einer definiert sich über sein Herz.
Gott aber definiert dich nur darüber.
*
Wäre Gott ein Intellektueller,
hätte er uns kein Herz gegeben.
*
Was wirst dereinst du weisen können,
wenn Gott nach deinem innren Reichtum fragt,
dein Herzenskonto aber Schulden schreibt?
*
Nichts ist wichtiger als der Weg der Seele
in Liebe und Hingabe zu Gott.

Gottes Hilfe

Halten wir alles für möglich,
denn mit Gottes Hilfe ist nichts unmöglich!
*
Bitte Gott um Hilfe - er erhört dich.
Immer, aber nicht immer so, wie du es erwartest.
*
Bitte Gott um Zuflucht für deine Gedanken, damit er sie
reinige und läutere und führe in die richtige Richtung!
*
Warum sollte Gott uns helfen, wenn wir selbst
gar nichts für uns tun?

*

So gewiss, wie jeden Morgen die Sonne aufgeht,
so gewiss ist Gottes Hilfe.

*

Was für mich gut ist, weiß ein kleines bisschen
ich selbst und ganz viel Gott.

*

Jede Hilfestellung für einen anderen Menschen
ist zugleich auch eine für dich selbst.

*

Gib dich nicht mit der Welt zufrieden,
wenn du den Himmel haben kannst.

Alles Gute

Alles Gute kommt nicht nur von Gott - es ist Gott!

*

Sei nur geduldig - Gott ist es auch.

Göttliche Absicht

Leben ist ein Geschenk Gottes.

*

Erst in der Verschmelzung von Virtuosität mit Herz
kann göttliche Absicht sich vollkommen verwirklichen.

*

Menschen sehen nur das Ergebnis und nicht die
Absicht - Gott aber sieht sie.

*

Menschen werten das Ergebnis - Gott die Absicht.

*

Menschen schauen auf die Frucht - Gott auf den Samen.

*

Keiner geht seinen ureigensten Weg so
geradlinig wie der, der Gottes Absicht folgt.

*

In unserer tiefsten Stille
spricht göttliche Absicht
am lautesten.

*

Ein gutes Leben
ist für Gott das schönste
Glaubensbekenntnis.

Gottes Existenz

Niemand setzt sich in Wahrheit so sehr mit Gott
auseinander wie jemand, der mit aller Macht
seine Existenz zu widerlegen sucht.

*

Niemand hofft in Wahrheit so sehr, Gott
zu finden, wie jemand, der mit aller Macht
seine Existenz zu widerlegen sucht.

Gottes Wege

So wunderbar sind Gottes Wege,
dass wir nur staunen können
und sie dankbar anerkennen.
Wer nur einmal über diese Dinge bewusst
nachgedacht hat, sie angenommen hat,
der bemerkt sie immer wieder -
in kleinen Dingen wie auch in großen.

Gott fürchten?

Ich muss Gott nicht fürchten,
weil ich ihn lieben kann.

*

Gott fürchten?
Was ist das für ein Glaube,
der sich auf Furcht gründet
und nicht auf Liebe?

*

Nichts und niemand will ich fürchten,
denn wer kann gegen mich noch sein,
wenn Gott für mich ist?!

Ideale

Halte dich an dein Ideal, das nichts Geringeres sein sollte
als Jesus Christus, und messe all deine Handlungen an ihm.
So erkennst du ihren wahren Wert, und so wirst auch du
einst gemessen werden - an deinem wahren, inneren Selbst
und an deinen gelebten Idealen.

*

Jesus Christus wurde der ideale Weg für jeden
Menschen, jede Seele, und somit das *reinste und höchste
Ideal*, das denkbar ist.

Gott als Beispiel und Zeichen

Wer das Gute lebt - jeden Augenblick, jeden Tag -,
durch den lebt Gott mitten unter uns
als Beispiel und Zeichen.

Dogmen

Dogmen in der Beziehung zu Gott
sind Entmündigung des Göttlichen in uns
und damit eine Beleidigung Gottes.

*

Meine „richtige" Beziehung zu Gott fing an,
als Dogmen aufhörten, relevant für mich zu sein.

Gott leugnen?

Wer Gott leugnet,
leugnet auch die ungestillte Sehnsucht tief in seiner Seele.
*
All jene, die Gott leugnen, wenn es ihnen gut geht,
aber auch in der Not - sie alle leugnen
auch die ungestillte Sehnsucht,
die tief in ihrer Seele nach Ausdruck drängt.
Richtig glücklich sind diese Menschen nicht -
sie geben es oft nur vor.

Gott liebt die Menschen

Im großen Schauspiel der Natur
bist du ein kleines Teilchen nur.
Und doch wärst du gar nicht erst hier,
läg Gott nicht sehr viel auch an dir!
*
Gott ist nie ungerecht.
Das Leben ist nie ungerecht.
Es hat alles seinen Sinn.
*
Das Herz ist der Mittler zwischen Himmel und Erde.
*
GOTT WEIß,
wo wir in unserer
menschlichen Beschränktheit
ab und an Bruchteile erfassen.
Das Gesamtbild aber können
wir nur erahnen.

*

Es gibt Menschen,
die tragen das Lächeln Gottes in sich.

Segne in Gedanken

Segne in Gedanken alles, was du siehst, bist du
damit einverstanden oder nicht!
*
Werte nicht - segne nur!

Großartige Schönheit

Auch in dem kleinsten Teil der Welt
liegt die Schönheit Gottes
verborgen.
*
Die schlichten Dinge lehren uns die Demut,
auch im Kleinsten die großartige Schönheit Gottes zu erkennen.
*
In jeder Lage, mag sie noch so schwer sein,
ist immer auch etwas Gutes und Schönes enthalten,
das es gilt zu entdecken und zu erkennen und zu schätzen.

Gott und Feuerwehr

Wir betrachten Gott ein bisschen wie die Feuerwehr.
Sie ist da, aber meistens braucht man sie nicht.
*
Gott und die Feuerwehr -
nur wenn es brennt!

Engel

Engel führen den Willen Gottes aus,
in seinem Willen liegt ihr Glück.

*

Engel:
Weil sie Gott lieben, darum sind sie hier,
und Gott liebt dich, darum dienen sie dir.

*

Die Engel sind immer in unserer Mitte,
aber keiner greift ein so ganz ohne Bitte.

*

Auch wer nicht an Engel glaubt,
kann für andere ein Engel sein.

*

Jedes Mal, wenn wir aus der Liebe heraus handeln,
werden wir unserem Engel ähnlicher.

*

Engel erscheinen oft in dir als gute Gedanken.

*

Viele Menschen sind der irrigen Ansicht, dass es nur des Todes
bedarf und aus einem mit Sünden beladenen Menschen wird
ein strahlender Engel mit verklärtem Leib. Nun, das ist nicht so.

*

Wer aus einem liebenden Herzen heraus
Gutes tut, ist ein Engel in Menschengestalt.

*

Auch wenn ein Engel seinen Finger in eine Wunde legt,
hält man ihn nicht unbedingt für einen Arzt,
sondern den Teufel.

*

Engel
Selbstlose Liebe ist ihr Lebensinhalt.
Sie dienen Gott, indem sie den Menschen dienen.

*

Wenden wir uns in unserem Gebet an Gott, so wenden
wir uns dadurch gleichzeitig an eine Heerschar geistiger
Wesen, seine Engel, die eins mit dem Willen Gottes sind und
diesen Willen in ihrer geistigen Arbeit zum Ausdruck bringen.

*

Manch Engel keine Engel sind -
und all zu oft ist Liebe blind...!

Glaube

Glaube

Glaube ist wie die Hoffnung
ein Grundbedürfnis der menschlichen Seele.

*

Glauben heißt: Wissen ohne Beweise.

*

Glauben ist Überzeugung,
ist innere Kraft, inneres Verständnis.
Glauben heißt Wissen ohne Beweise,
heißt Erfühlen der Richtigkeit dessen,
was man glaubt, da Glaube ebenso wie die Hoffnung
ein Grundbedürfnis der menschlichen Seele ist.

*

Glaube ist die Form, die einer Idee
Halt und Stütze verleiht.

*

Ohne den Glauben im Innern eines Menschen gäbe es
keinen Fortschritt, weder im physisch-materiellen
noch im geistig-seelischen Aspekt.

*

Glaube ist des Erfolges unentbehrliches Medium als Träger
geistiger Energie. Sie allein rückt ihm ein Ziel zum Greifen
nahe, das ihm sonst unerreichbar bliebe.

*

Glaube ist das unentbehrliche Medium des Erfolges.

*

Tief im Innern des Menschen verborgen,
da liegt sein Glaube und ist gleich der Kraft und der Stärke,
mit der er sein Leben bewegt.

*

Zu glauben ist an sich nicht weise, wohl aber, sich
mit dem Glauben zufrieden zu geben.

*

Der Glaube an Gott bedeutet nichts, wenn ich diesen
Glauben nicht lebe.

*

Alle Menschen glauben:
die einen, dass etwas Höheres existiert,
die anderen, dass es nicht existiert.

*

Sie glauben zu wissen, aber wissen nicht,
dass sie glauben.

*

Man muss nicht an Gott glauben,
um ein Gott gefälliges Leben zu führen,
aber es hilft sehr dabei.

*

Viele Menschen wissen nicht, aber glauben.
Manche wissen nicht, was sie glauben.
Manche wissen nicht, dass sie glauben,
und manche glauben nicht, was sie wissen.

*

Wir glauben viel über das Wissen,
aber wissen nicht viel über das Glauben.

*

Glaube stärkt unsere Fähigkeiten,
Träume und Wünsche zu verwirklichen,
aber die Liebe schenkt uns die Demut,
um uns dabei vor Selbstsucht und Gier zu bewahren.

*

Nicht zu glauben, ist auch ein Glaube.

*

Im fruchtbaren Nährboden der Liebe keimt
der Glaube und wächst zur Gewissheit.

*

Kein Glaube allein verschafft uns
einen Platz im Himmel.
Entscheidend ist, wie dieser Glaube
unser tägliches Leben
bestimmt.

*

Gott
beurteilt uns nicht
nach unserem Glauben,
sondern danach,
wie wir leben!

*

Ich muss den Glauben anderer nicht teilen,
aber ich kann an anderen Anteil nehmen.

*

Gott wiegt uns auf einer Waage,
die mit „Warum?" geeicht ist.

Zweifel

Der Glaube und der Zweifel sind ebenbürtige Gegenspieler.

*

Der Glaube an Gott ist immer „persönliche Religion".
Sie aber setzt andauernde Auseinandersetzung mit
Gott und Zweifel voraus.

*

Der Glauben gerät in eine große Krise, wenn
man sich nicht den kleinsten Zweifel erlaubt.

*

Dem Glauben kann nur rauben,
was bereits des Zweifels ist.

*

Im Glauben ist die Liebe schon enthalten.
Den Zweifel jedoch sollte sie leiten.

*

Gib deinem Zweifel nicht zu viel Macht über deinen Glauben,
denn nur er lässt dich alles erreichen.

*

Der Zweifel ist unparteiisch,
er hat den Glauben genauso gern
wie den Unglauben.

*

Der Zweifel ist das Salz des Glaubens.

*

Nicht nur der Glaube zweifelt an sich selbst,
sondern auch der Unglaube.

*

Gut ist es,
wenn dem Zweifel ein noch größerer Glauben
gegenübersteht.

*

Die großen Glaubenskrisen geschehen,
weil man sich den Zweifel nicht erlaubt hat.

*

Ich glaube wirklich, es ist so,
dass wir Gott erstmal anzweifeln müssen, ja, sogar
verleugnen müssen, um ihn richtig zu finden und voll und ganz
anzunehmen, um ihn dann niemals wieder herzugeben.
Haben wir Gott aber gefunden, wird er Teil unseres Atems.
Wir atmen ihn ein und wir atmen ihn aus.

Glaube oder Berg

Ob der Glaube den Berg
oder der Berg den Glauben versetzt,
hängt davon ab, wer stärker ist.
*
Glaube oder Berg - wer ist stärker?
*
Wenn der Berg den Glauben versetzt, war er stärker.
*
Mein Glaube wird vielleicht
nicht die Bahnen der Gestirne beeinflussen,
aber ganz gewiss die Bahnen meines Lebens.

Erleuchtung

Erleuchtung ist selten spontane göttliche Eingebung.
Sie ist eine Folge der Lebensweise im göttlichen Geist,
ist dargestellter Glaube, erfüllte Sehnsucht nach
der göttlichen Wahrheit, der einzigen Wahrheit.
*
Manchmal muss man
Dreck anfassen,
um den Himmel
zu begreifen.

Unsichtbar

Gott ist wie der Wind.
Ich kann Wind nicht sehen,
aber ich erkenne ihn in dem, was er tut.

Gott ist treu

Bleibe Gott treu,
so wie er dir immer
treu bleibt!

Liebe zum Nächsten

Nur wer sich annimmt mit jedem Makel,
jeder Unzulänglichkeit, jeder Unvollkommenheit
in dem Bewusstsein, dass Gott ihn dennoch liebt,
der liebt auch sich selbst und ist dadurch erst bereit
für die Liebe zum Nächsten.
*
Nur wer sich selbst liebt, kann auch andere lieben.
*
Nur wer sich selbst liebt, kann auch andere lieben,
und wem das eigene Dunkle nicht fremd ist,
der kann auch das Dunkle anderer
in Liebe annehmen.

Kinder Gottes

Wie kann ich mir anmaßen, Menschen einzuteilen
in wertvolle und nicht wertvolle, wenn Gott sie doch
ALLE seine Kinder nennt?
*
Jedes Leben ist ein Fingerabdruck Gottes.
*
Jedes Leben ist einzigartig und hinterlässt
einzigartige Spuren - seine Fingerabdrücke.
*
Nimm an den Platz auf dieser Welt,
wo Gott dich einst hat hingestellt!

Achte dein Leben

Achte dein Leben, erkenne seinen Wert,
seine geistige Grundlage.
Spüre deine Liebe zu dir und du bist bereit,
sie dem Leben zurückzugeben,
über deinen Nächsten hin zur ganzen Welt
und letztendlich zu Gott!
*
Nimm voller Freude an dein Leben,
das Gott dir ganz bewusst gegeben!
*
Vermehren wir durch ein liebevolles Leben die Liebe,
die Gott einem jeden Menschen mitgegeben hat.
*
Ich lebe mein Leben im Gedanken an Gott.

Das regulierende Element

Wir neigen dazu, alles Gute in unserem Leben uns selbst
zuzuschreiben und alles Schlechte Gott. Wir sind aber
für beides gleichermaßen verantwortlich. Gott ist in der
Regel - und keine Regel ist ohne Ausnahme - „nur" das
übergeordnete, über- und durchschauende regulierende
Element, welches alles Leben in Relation zueinander
bringt und dessen Folge wir oft fälschlicherweise entweder
als glücklichen Zufall oder Ungerechtigkeit empfinden.

Harmonischer Einklang

Harmonischer Einklang im göttlichen Geist ist immer
Wohlbefinden, Ordnung, Sammlung, Ruhe, Schönheit.

Wünsche

Wünsche dir nicht nur etwas.
Wünsche dir ALLES ... was Gott für richtig hält!

Welche Motivation?

Gott fragt nicht, welche Religion deinem Handeln
zu Grunde liegt, sondern welche Motivation.
*
Gott schaut dir nicht auf Religion
mit ihrem Drum und Dran.
Er schaut auf die Motivation,
warum du *was* getan.
*
Von vielen guten Taten könnte die Motivation
schlimme Dinge erzählen.

Halt

Jeder Mensch braucht jemanden,
der ihm Halt gibt,
sei es ein anderer Mensch oder Gott.
Am glücklichsten, wer beides hat!

Neue Chance

Es gibt immer wieder eine neue Chance,
wenn wir aufhören, uns selbst zu belügen!
*
Seine Mitmenschen und sich selbst zu belügen ist möglich.
Gott zu belügen aber ist unmöglich!

Danke

Danke Gott für alle Gaben,
die er deinem Tische gibt.
Dass du dich daran kannst erlaben,
das ist nur so, weil er dich liebt.

Religion

Religion und Religiosität

Es gibt nichts Intimeres und Individuelleres als Religion,
denn Religion bedeutet „nur" die Verbundenheit der Seele
mit Gott, mit dem Schöpferprinzip und eben nicht Kirche.
Jeder Versuch der Kirche, dieser persönlichen Religion
ihren Stempel aufzudrücken, ist Manipulation und Eingriff
in intimste Menschenrechte.
*
Religiosität bedeutet nicht Kirchenzugehörigkeit,
sondern einfach nur - eine individuell empfundene -
Verbundenheit mit Gott.
*
Es gibt nichts Intimeres und Individuelleres als Religion,
denn Religion bedeutet die Verbundenheit der Seele mit Gott.
*
Religion ist das Gummiband des Glaubens.
Jeder dehnt es nach eigenem Ermessen.
*
Es kommt nicht darauf an, welcher Religion du
angehörst, sondern was diese Religion aus dir macht.
*
Jede Religion ist gut,
die einen besseren Mensch
aus dir macht.

*

Die Religion ist kein Ersatz für den Glauben.

Christ-Sein, eine innere Haltung

Christ-Sein bedeutet, Zeugnis davon zu geben
in Gedanken, Wort und Tat.
*
Christ-Sein bedeutet nicht nur das Ankreuzen der
Religionszugehörigkeit auf der Steuererklärung.
Christ-Sein ist eine innere Haltung, die ihre Werte
im Außen lebt - konsequent und selbstverständlich.

Religion als inneres Wissen

Religion ist dem Menschen mitgegeben als inneres Wissen,
das wir Glauben nennen, aber wir Menschen leugnen dieses
Wissen, weil wir zu sehr von unserem Verstand abhängig
geworden sind und unserem inneren Bewusstsein
nicht mehr vertrauen.

Kirche

Nicht die Kirche
sollte unser Leben ausfüllen und bestimmen,
sondern Gott unser Leben
und die Kirche.
*
Viele Menschen gehen jeden Sonntag ins Haus Gottes
und sind selbst keines mehr.
*
Kirche modern:
statt Kirchenlehrer Kirchenleerer.

*

Kirchen sollten nicht vergessen, dass Religion
- die Anbindung an Gott -
das Persönlichste und Intimste eines Menschen ist.

*

Das Urteil der Menschen ist nichts,
das Urteil Gottes alles.

Gebet

Das Gebet ist eine Brücke

Jedes Gebet ist eine Brücke
zwischen deiner Seele und Gottes Seele.

*

Jedes Gebet fällt in die Waagschale Gottes.

*

Gott erhört unsere Gebete immer,
aber wir verstehen seine Antwort oft nicht,
weil wir in die falsche Richtung lauschen.

*

Ein Gebet, das du für andere sprichst,
senkt auch Frieden in dein eigenes Herz.

*

Ein Gebet macht ein schweres Herz leicht.

*

Warum denn sorgst du dich,
wenn du doch beten kannst?!

*

Beten ist keine Pflicht. Es ist ein Recht.

*

Gott antwortet immer,
aber auf seine Weise.

Ein inniges Gebet

Ein inniges Gebet lässt in uns
ein wunderbares Gefühl der Ruhe,
des Vertrauens, des Angenommenseins
in die göttliche Liebe zurück.

Ein Gebet wirkt

Ein Gebet wirkt wie ein *Altar*, den wir in unserer Seele errichten,
ist wie ein *heiliger Ort der Kraft*, den Gott mit seiner Kraft bei
jedem unserer Gebete verstärkt und bereichert.

*

Mit jeder Bitte um Erfüllung eines bestimmten Wunsches
beschränke ich mich. Nur nicht mit dieser: Gott möge
SEINEN Willen durch mich und für mich tun.

*

Ein inniges Gebet ist ein Tausch:
Gott nimmt die Schwere aus deinem Herzen
und füllt es mit der Leichtigkeit des Vertrauens.

Zwiesprache mit Gott

Gott spricht zu uns, so wie er zu biblischen Zeiten
zu den Menschen gesprochen hat.

*

Suchen wir die geistige Zwiesprache mit Gott im Gebet
- im frohen Gebet -
nicht nur in unseren dunklen Stunden der Verzweiflung!

*

Je inbrünstiger ein Gebet gesprochen wird, desto mehr
rührt es Gott an. Nie kann und wird er gleichgültig sein,
wenn unser ganzes Empfinden, unser tiefes Gefühl zu
ihm spricht.

*

Gebet ist Zwiesprache mit Gott.
Es ist vertrauensvolles Hinführen des Innersten eines
Menschen zu seinem Schöpfer. Er bietet ihm auf diese
Weise seine Seele dar, reicht sie ihm hin durch die
Kraft der Gedanken.

*

Die Seele weiß um ihren Schöpfer - der Verstand nicht.

*

Gott bewahre mich vor Menschen, die lügen,
um mich vor der Wahrheit zu bewahren!

Gott spricht

Du glaubst,
Gott spricht nicht mehr zu den Menschen?
Oh, glaube mir, Mensch, du irrst!

Gewissen

Werte, geistige Werte,
stellen im Menschen das dar
und bewirken das, was wir Gewissen nennen -
die mahnende Stimme im Innern deiner Seele.

*

Die Wahrheit des Gewissens
weicht niemals von der Wahrheit Gottes ab,
sie sind immer in Übereinstimmung.

*

Unser Gewissen ist der göttliche Richter in uns.

*

Schlafschwierigkeiten
könnte ein gutes Gewissen
erleichtern.

II. Von Geist und Seele

*Geist, Seele, Denken - Gedanken - Taten, Wesen,
Illusion, Spiritualität, Gesundheit*

„Seien wir uns dessen immer bewusst, dass unsere Gedanken Taten sind, Energie, die die Welt verändern kann."

Geist

Ziel des Geistes

Das Ziel des Geistes ist die Einheit mit Gottes Geist,
und der Weg dorthin ist das Leben.
Leben bedeutet deshalb
geistige Arbeit.

Geistige Prinzipien

Alle Gesetze - auch die der Natur - unterliegen
geistigen Prinzipien.
*
Alles im Leben unterliegt Prinzipien,
und diese Erkenntnis muss zwangsläufig
zum höchsten aller Prinzipien führen:
Gott!
*
Gleiches zieht Gleiches an,
so lautet ein kosmisches Gesetz.

Verdichteter Geist

Materie ist nichts anderes
als verdichteter Geist!
*
Warum kann Geist Materie bewegen?
Weil Materie nichts anderes ist
als verdichteter Geist.

Größe und Macht des Geistes

Größe des Geistes, der Seele, zeigt sich im
Anspruch des Denkens, der Ethik und der Moral.
*
Der Geist des Menschen prüft,
sucht nach Beweisen, nach Indizien.
Die Seele aber spürt und fühlt und weiß.
*
Der Geist hat Macht über das Herz und die Seele.
Wer aber das weiß, hat Macht über den Geist.
*
Das ganze Wunder unserer Welt,
unseres Lebens öffnet sich erst dann,
wenn wir vollkommen offen
und unvoreingenommen darauf blicken
in dem Bewusstsein, dass alles,
aber auch einfach ALLES möglich ist.
Denn was könnte GEIST unmöglich sein?!
*
Das einzige Schwert,
das der Mensch schärfen und gebrauchen sollte,
ist das Schwert seines Geistes.

Bewusstseinsstufen

Jede erreichte Stufe des Bewusstseins lässt uns
die Sehnsucht spüren nach der nächsten
und uns geistig suchen
nach der Möglichkeit ihrer Bewältigung.
*
Erhabene Worte
werden meinem Geiste Nahrung
durch Ausdruck der göttlichen,
heiligen Gegenwart.
Und so erhebt sich meine Seele.

Seele

Ausdruck der Seele

Jede geistige Regung,
auf welchem Gebiet des Lebens auch immer,
ist Ausdruck der Seele in ihrer Schwäche, ihrer Stärke.
*
Glaube und Hoffnung sind Grundbedürfnisse
der menschlichen Seele.
*
Die pure Seele ist ein Schmetterling - ätherisch schön,
strahlend, schwerelos und … frei!
*
Depression ist ein Selbstheilmechanismus der Seele.

Ausdruck deiner Seele

Musik, Tanz und Poesie sind die
Sprache der Seele!

*

Die Poesie ist eine Tochter des Herzens.

*

Der wahre Tänzer tanzt nicht nach einer
fremden Choreographie.

*

Singe, tanze, freue dich, lebe!
All das ist Ausdruck deiner Seele im göttlichen Geist.

*

Das Herz und die Seele fühlen jung das Leben,
sie altern nicht.

*

Wir strahlen immer das aus,
was in uns ist.

*

Augen sprechen oft
ganz andere Worte
als der Mund,
denn die Seele
kann nicht lügen.

*

Wohl dem, der träumen kann, im Wachen wie im Schlafen.
Träume nähren unsere Seele oft auf sehr beglückende Weise.

*

Die Seele der Familie ist die Mutter.

Inneres Wissen

Inneres Wissen liegt in jeder Seele verborgen, tief in ihr liegt
alle Wahrheit des Seins. Es spricht zu uns, manchmal kräftig
und machtvoll, aber manchmal auch nur wie der Hauch einer
Ahnung, ein flüchtiges Empfinden, das wir uns nicht so
recht erklären können.

*

Alles, was je war und ist,
das ist auch in unserer Seele.

Denken – Gedanken – Taten

Denken

Was Joggen für den Körper,
ist Nachdenken für den Geist.
*

Vordenken erspart nicht nachdenken.
*

Vordenker halten andere vom Nachdenken ab.
*

Besser selbst nachdenken und vorstellen
als Vordenkern nachstellen.
*

Denken macht Meinung.
*

Neues Denken. Neue Wege. Neue Orte.
*

Vertraue mehr deinem Gefühl -
es irrt seltener als dein Denken.
*

Niemand tauber als der, der nicht hören will,
niemand blinder als der, der nicht sehen will.
niemand dümmer als der, der nicht denken will.
*

Hilft es, an das Gute und Schöne zu denken?
Ja, denn unsere Gedanken schaffen
unsere innere und äußere Realität.
*

Es gibt genug Menschen, deren Denken
sich hauptsächlich um Krankheiten dreht.
Würden sie sich doch nur
genauso viele Gedanken
um ihre Gesundheit machen.
Das wäre verbrauchte Energie,
die sich mehr als auszahlen würde!

*

Die meisten Kalorien
verbraucht bekanntlich das Gehirn.
Denken demnach dicke Menschen zu wenig?

*

Kommunikation:
Sehen, Hören, Fühlen, Denken, Wort.
Hören, Sehen, Fühlen, Denken, Antwort.

*

Wer denkt,
er denke Neues,
denkt erneut falsch.

*

Was immer du denkst und tust - sieh den anderen
in dir und im anderen dich!

*

Wer an andere denkt,
muss nicht gleich für sie denken.

*

Manche denken, sie müssten für andere denken.

*

Bedenke doch, so dann und wann,
nur auf den Standpunkt kommt es an!

*

Prüfe, was du denkst und was du sagst!
Dies ist nicht nur die Vorstufe deiner Handlungen,
sondern in sich schon die Energie,
die die Welt verändern kann -
im positiven wie im negativen Sinne!

*

Wer sein Denken für richtig hält,
sollte sich überzeugen,
dass er nicht in der falschen Realität lebt.

*

Wer anders denkt, als er handelt, widersetzt sich der
natürlichen Folge von Ursache und Wirkung.

Gedanken und Taten

Gedanken sind Energie und als solche unsichtbar,
wenn auch dauerhaft präsent und beeinflussend.
Das gesprochene Wort gibt
diesen Gedanken hörbaren Ausdruck,
aber erst das geschriebene
verleiht ihnen dauerhafte Sichtbarkeit.
*

Sei immer bedacht in Gedanken, Worten und Werken.
Sie entscheiden über das Wohl und das Wehe der Menschheit,
von der du ein Teil bist!
*

Gedanken sind Energie, der die Worte
Schärfe und Ausdruck verleihen.
Sie können verletzen an Seele, Geist und Körper.
*

Seien wir uns dessen immer bewusst,
dass unsere Gedanken Taten sind -
Energie, die die Welt verändern kann!
*

Gedanken sind nicht nur verborgene Denkmuster -
nein, sie sind in sich selbst schon Taten,
die die Welt verändern können.
*

Mit jedem Gedanken,
jeder Tat schreiben wir
das Buch unseres Lebens neu.
Wir verändern seinen Inhalt
und dadurch immer auch
seinen Schluss.
*

Wir alle senden ständig
Botschaften in diese Welt
- positive wie negative -
durch unsere Gedanken.

*

Unsere Gedanken sind die Saat unseres Geistes.

*

Taten sind sichtbare Gedanken.

*

Heiligenscheine lebender Menschen kann man an ihren guten
Taten erkennen.

*

Kontrolliere nicht nur deine Taten,
sondern schon deine Gedanken!

*

Auch jede gute Tat
sollte ihre Folgen kennen.

*

Gute Taten nehmen nicht immer ein gutes Ende.

*

Denke einen Gedanken dreimal -
ehe du ihn einmal aussprichst!

*

Gute Gedanken und gute Taten sind es,
die im Kleinen anfangen zu verändern
und im Großen aufhören,
wenn nur viele sich daran beteiligen.

*

Gedanken sind eindeutig - Worte eindeutig nicht.

*

Statt dem eindeutigen Gedanken vertrauen
wir dem mehrdeutigen Wort.

*

Es gibt keine neuen Gedanken - nur erneute.

*

Es ist ein wunderbares Gefühl festzustellen, dass meine
Gedanken in anderen Menschen Wurzeln geschlagen haben.

*

Wer du bist,
fängt an bei deinen Gedanken
und endet bei deinen Taten.

*

Man staunt über seine eigenen Gedanken, wenn man
sie gesammelt schwarz auf weiß geschrieben sieht.

*

Auch hochstehende Menschen haben
tiefgehende Gedanken.

*

Die Gedanken sind frei, wer kann sie erraten?
Nun, jeder der über die entsprechenden technischen
Hilfsmittel verfügt und keine Skrupel hat, sie zu benutzen.

*

Engstirnigkeit ist die Sardinenbüchse der Gedanken.

*

Alte Gedanken können sich in einer engen Stirn
aus Platzmangel nicht bewegen und neue finden
erst gar keinen Platz mehr.

*

Tagträume sind Gedankenausflüge.

*

Zwischen den Zeilen anderer liest man
seine eigenen Gedanken.

*

Auch revolutionäre Gedanken sind nur Wiedervorlage.
So revolutionär ein Gedanke auch scheinen mag -
neu ist er nicht.

*

Gedanken - zum Danken und Bedanken.

*

Vor dem Ausatmen atmen wir ein,
und jedem Tag geht eine Nacht voran.
Ohne Berg gibt es kein Tal und
ohne Gedanken keine Tat.

Mitdenker

Denke mit, aber sei kein Mitdenker!
*

Sei kein Mitdenker!
Wage und erlaube dir deine
eigenen kühnen Gedanken!

Wesen

Dein Wesen

Das, was du denkst, das wird dein Wesen.
Das, was du gibst, wird dir zuteil.
*

Was du gibst,
kann dir niemand nehmen.
*

Was du gibst, dir bleibt.
*

Was du gibst, gib gern,
und es wird auch für dich ein Segen sein.
*

Lass dein Wesen Liebe sein,
denn Liebe ist die Heimat des Glücks.

Dein Selbst

Gib auf dein Ich,
um dein Selbst zu finden!
*

Werde still, denn dein Selbst spricht sehr leise.
*

Werde still, damit du dein Selbst sprechen hörst.

*

Je mehr ich mich selbst leben kann,
desto mehr kann und will ich
mich dem anderen zuwenden.
Je weniger ich mich aber selbst leben kann,
desto mehr wende ich mich innerlich
vom anderen ab.

Illusion

Nur Illusion

Illusionen sind im Grunde
nichts anderes als
ungelebte Möglichkeiten.

*

Sehenden Auges
ist der Mensch dennoch blind
und hält Illusion für Wahrheit.

*

Hinter dem Vorhang der Illusion
liegt geduldig wartend die Wahrheit.

*

Die Illusion ist eine Hochstaplerin -
sie nennt sich gern Wahrheit.

*

Die Illusion verführt den Menschen
durch seine eigene Eitelkeit.
Die lässt sich nur zu gerne
von ihr blenden.

Spiritualität

Spiritualität

Ein Mensch,
der auf seinem spirituellen Wege ist
und diesen sehr ernsthaft verfolgt,
darf darüber die Freude
und das Lachen nicht vergessen.
*

Die sichersten Sprossen
der Leiter zu spirituellem Wachstum
sind aus Demut gemacht.
*

Spiritualität ist
die bewusste Wahrnehmung
des geistigen Wesens,
das sich in und durch uns
ausdrückt und erfährt.

Esoterik

Esoterik: die ach so passende, beruhigende Schublade
für alles, was dem Menschen unverständlich und deshalb
verdächtig ist und die ihm erspart, sich weiter damit
befassen zu müssen.
*

Esoterik: der willkommene und bequeme Papierkorb
für alle unverständlichen, nicht ins Weltbild passenden
und daher unbequemen Dinge.

Magie

Jedes Geheimnis besitzt die Magie
des Unergründlichen.

Meditation

Meditation bedeutet immer eine wunderbare
Entdeckungsreise in unser eigenes Selbst.
*
In der tiefen Meditation
sind Unbewusstes und Bewusstes
nicht getrennt.
*
Meditation macht Stille hörbar.

Inspiration

Sie ist nur Ausdruck des kosmischen Gesetzes,
dass Gleiches Gleiches anzieht.
*
Wer sich Regeln öffnet,
verschließt sich der Inspiration,
der Quelle alles Neuen
und der unerwarteten, weil ziellosen
Eigendynamik jedes schöpferischen Tuns.

Metamorphose

Der Schmetterling ist ein Sinnbild des Menschen

Wenn wir alles Irdische, Schwere abgelegt haben,
erstrahlen wir in unserem Seelenkleid.
Schwerelos ... Frei ... Ätherisch schön ...!

Wahre Welt

Auch wenn wir in dieser Welt leben müssen,
beglückt es doch jeden,
der um die andere Welt weiß,
der in sie hineingeblickt und als wahr erkannt hat.
*
Offene Leere ist gleichzeitig
unendliche Fülle.

Gesundheit

Gesundheit ist immer harmonischer Einklang
im Zusammenspiel von Seele, Geist und Körper.
*
Was dem Körper guttut, tut auch der Seele gut.
*
Die Erhaltung
geistiger und körperlicher Gesundheit
fängt mit Nein-Sagen an.
*
Wer zufrieden ist, lebt gesünder.
*
Achte gut auf deinen Körper -
er ist der Träger
des Geistes und der Seele!
*
Die Krone der Schöpfung,
der Mensch,
kuscht vor Corona,
einem winzigen Virus.
*
Die Corona-Impfung wirkt - todsicher!

*

Corona-Impfung:
Mit jedem Booster kommt man
dem ewigen Leben näher.

*

Im Corona-Theater
scheinen die meisten Menschen
ihre Vernunft und Logik
an der Garderobe abzugeben.

*

Auch die beste Gesundheit
ist letzten Endes
tödlich.

*

Informierte Patienten
sind unbequeme Patienten.

*

Viele Psychologen
haben ihre eigene Krankheit
zum Beruf gemacht.

III. Von Fragen, Antworten und Erkenntnis

„Manch selbst ernannter Realist,
ist eigentlich ein Pessimist,
denn Unheil sieht er überall,
auch wo's real gar nicht der Fall.
Der wirklich echte Realist,
der ist zur Hälfte Optimist."

Fragen und Antworten

Fragen und Antworten

Jeder Gedanke ist schon ein Schritt auf ein Ziel zu.
Jede scheinbar noch so dumme Frage trägt die Möglichkeit
der Antwort bereits in sich, denn es sind die Fragen, die
den Antworten die Türen öffnen.
*

Es sind die Fragen,
die den Antworten die Türen öffnen.
*

Für jede Frage ist da eine Antwort
und ist so alt wie das Leben.
*

Dinge in Frage zu stellen,
führt zu neuen und oft überraschenden Antworten.
*

Wer Dinge in Frage stellt,
muss sich auch den Antworten stellen.
*

Die Fragen stellen sich den Antworten.

*

Wer keine Antworten will, sollte nicht fragen.

*

Kommt die Antwort vor der Frage,
wird sie selten verstanden.

*

Eine einzige Antwort kann unzählige Fragen beinhalten.

*

Je mehr Antworten ich auf meine Fragen erhalte,
desto mehr Fragen habe ich.

*

Richtiges Zuhören - richtige Antworten.

Optimist und Pessimist

Der Optimist leidet an seinen tatsächlichen Fehlschlägen,
der Pessimist jedoch schon an seinen möglichen.

*

Pessimisten hängen sich gern
das Mäntelchen des Realisten über.

*

Manch selbst ernannter Realist,
ist eigentlich ein Pessimist,
denn Unheil sieht er überall,
auch wo's real gar nicht der Fall.
Der wirklich echte Realist,
der ist zur Hälfte Optimist.

*

Ein Pessimist
schüttelt mitleidig den Kopf über einen Optimisten.
Der wiederum lächelt gelassen über den Pessimisten,
und ein Realist schüttelt gelassen lächelnd den Kopf
und lässt das Leben einfach auf sich zukommen.

*

Auch ein Optimist wird vom Regen nass, aber er weiß,
dass ihn danach die Sonne wieder trocknet.

*

Im Gegensatz zu Optimisten erleben Pessimisten
sehr viele freudige Überraschungen.

*

Pessimisten haben Freude am Frust.

*

Pessimisten sind Frust-Optimisten.

Offenes Herz

Wo ein offenes Herz, auch eine offene Hand.

*

Offenes Herz hat offene Hand.

*

Das Herz nur
schließt Herz auf die Tür.

*

Immer brauchen wir das Du,
um das Ich darin zu spiegeln.

Schau in den Spiegel

Du suchst den Menschen,
der dich glücklich machen kann?
Dann schau in den Spiegel!

*

Wo immer du auch blickst hinein,
wird Spiegel deiner selbst nur sein.

*

Der Spiegel der Welt zeigt dir nur,
was du schon weißt.

*

Alles im Leben
ist nur eine Spiegelung
des Lebens an sich.

*

Die Welt wäre langweilig und reizlos,
wenn wir bei anderen Menschen
in unser eigenes Spiegelbild
blicken würden.

*

Die Welt ist ein Spiegel.
Es schaut nur das aus ihr heraus,
was in sie hineinblickt.

*

Wenn niemand ein Lächeln für dich hat,
dann schenke es dir selbst -
lächle in den Spiegel!

*

Nach einem Blick in den Spiegel beschloss sie,
sich auf ihre inneren Werte zu konzentrieren.

Geben? . . . JA

Viel geben? . . . Ja.
Alles geben? . . . Nein.
Sich selbst aufgeben? . . . Niemals!
Was könnten wir denn dann noch geben?!

*

Gib allen alles, und alle haben nichts.

Erkenntnis

Erkenntnis

Erkenntnis:
Zugang wird dir nur gewährt zu dem,
was bereits dir gehört.

*

Erkenntnis ist des Lebens heilig Versprechen,
das sich durch dich an dir erfüllt,
unbestechlich folgend den Gesetzen des Lebens
als des Geistes ewiges Prinzip.
Sie ziehen an den Strom des Lebens,
dass er sich fügt und nicht verschwendet.

*

Erkenntnis kann nie absolut sein.
Sie ist immer relativ, erhält ihre Relativität
durch die Individualität des Bewusstseins.

*

Geistige Erkenntnis hat immer nur einen Sinn:
den Menschen zu helfen,
ihren Lebensweg zu erleuchten, zu verdeutlichen,
Unterstützung zu geben, da wo Zweifel sind,
Verwirrung und Unglauben.

*

Erkenntnis ist deiner geistig Arbeit Frucht.

*

Die Frucht vom Baume der Erkenntnis,
nie reifet sie an einem Tag.

*

Wer auch nur ein bisschen
vom Baume der Erkenntnis gekostet hat,
kann danach niemals wieder
nur glücklicher Affe sein.

*

Ein kleiner Irrtum
ist oft der Anfang großer Erkenntnisse.

*

Was einmal war nur trübes Ahnen,
das macht Erkenntnis hell und klar.

*

Gewissheit kommt immer aus dem Herzen,
nie aus dem Verstand.

*

Es war immer da
jede Ursache und darum auch jede Folge.

*

Worauf du deine Aufmerksamkeit richtest,
richtet seine Aufmerksamkeit auf dich.

*

Die Wertung unserer Eindrücke liegt immer
bei uns selbst.

*

Da, wovor wir uns am meisten sträuben,
liegt oft unsere wahre Bestimmung.

Teil des Ganzen

Nichts ist für sich allein.
Alles einzelne ist nur Teil des Ganzen,
und somit kann ein kleines Stück des Ganzen
den gesamten Kosmos beeinflussen.

*

Ob es mir nun gefällt oder nicht,
ich bin und bleibe doch nur
ein Atom im Körper des Kosmos.

*

Weiblich oder männlich?
Unser Leben ist weder männlich noch weiblich:
Es ist menschlich.

*

Viele Menschen sind so beschäftigt, zu tun,
dass sie darauf vergessen, zu sein.

Ideen bewegen

Ideen bewegen die Welt,
wenn Menschen Ideen bewegen.

*

Die Welt dreht sich von allein?
Von wegen!
Ideen bewegen die Welt.

*

Ideen bewegen die Welt,
aber zuerst müssen Menschen
Ideen bewegen.

*

Ideen bewegen Menschen -
Menschen bewegen Ideen.

*

Wer nicht wenigstens ein kleines Bisschen
verrückt ist, ist nicht ganz normal.

*

In einer zu engen Stirn
hat nichts Neues Platz.

*

Ein gut ausgemaltes Wunschbild
ist schon halbe Wirklichkeit.

*

Die Pose macht das Bild.

*

Wer nicht loslassen kann,
hat keine freien Hände,
um nach Neuem zu greifen.

Staunen

Es gibt Erlebnisse,
die in uns ein fragendes,
ungläubiges Staunen
hinterlassen und unser
Empfinden von Glück
an seine Grenzen führen.

*

Staunen ist der Anfang der Erkenntnis.

Skepsis

Skepsis in sich ist stets Beschränkung
und damit auch der Fülle Feind.
*
Bei Skepsis ist stets drauf zu achten,
auch sie mal damit zu betrachten.

Verdamme nicht

Das Greif- und Sichtbare unserer Welt
ist nur die Spitze des Eisbergs.
Ein Vielfaches von ihr
ist ungreif- und unsichtbar.
Darum verdamme nicht,
was dir schlecht erscheint.
Du weißt nicht, warum es da ist
und welchem Guten es dient.

Kleine Steine

In allem Schönen
sucht der Mensch zuerst
nach dem Unvollkommenen.
*
Meine Sprüche sind kleine Steine
im Ozean der Welt, aber
auch kleine Steine werfen Wellen
an andere Ufer.

*

Meine Sprüche sind wie kleine Steine,
die man ins Wasser wirft
und ihre Kreise bis an fremde Ufer ziehen.

IV. Von Politik und Moral

Freiheit, Gesellschaft, Sünde und Leid, Ratgeber, Recht und Unrecht, Fehler, Demokratie, Politik, Moral, Paradoxien, Intelligenz versus Dummheit

„Freiheit gibt es nur zusammen mit Verantwortung."

Freiheit

Freiheit: Ein kostbares Gut, und daher nicht umsonst zu haben.

*

Jede positive Erscheinung ist nur möglich, indem sie sich ihres eigenen Gegensatzes bewusst ist. So weiß die Freiheit um die Unfreiheit und die Lebensfreude um die Endlichkeit. Ohne dieses Wissen um den Gegensatz gäbe es nur Indifferenz.

*

Freiheit ist das uneingeschränkte Recht
zu wählen und zu entscheiden.

*

Nie wird Freiheit dem verwehrt,
dem Mut erfüllt das Herz und Stolz die Brust.
Nie wird Freiheit dem verwehrt,
der sich des eignen Wertes wohl bewusst.

*

Freiheit gibt es nur zusammen mit Verantwortung.

*

Totale Sicherheit ist eine Chimäre.
Trotzdem sind die Menschen bereit,
für einen Bruchteil dieser Chimäre
mit ihrer ganzen Freiheit zu bezahlen.

*

Als man die Menschen in Ketten legte, freuten sie sich,
dass diese aus Leichtmetall waren.

*

Gleichmacherei ist Unfreiheit.

*

Leicht, als freier Mensch geboren zu werden;
schwer, als ein solcher bis zum Tod zu leben.

Gesellschaft

Was für eine Gesellschaft

Was ist von einer Gesellschaft zu halten,
die den Erfolg eines Lebens in klingender Münze misst?

*

Was ist von einer Gesellschaft zu halten, die den Erfolg
eines Lebens an Titeln, Macht und Geld misst?

*

Liberalität entblößt die Menschen ihrer Werte.
In einer kalten Gesellschaft aber
muss man sich warm anziehen,
um zu überleben.

*

Sind wirklich selbstlose Menschen wie Mutter Theresa
für die Gesellschaft nicht nur Alibi-Exoten?

*

Die große Masse besteht aus kleinen Konformisten.
Daraus folgt nicht zwangsläufig, dass die kleine Masse
aus großen Non-Konformisten besteht.

*

Menschen kämpfen gegen die Käfighaltung von Hühnern.
Wer aber befreit die Menschen,
die es sich in ihrem Käfig gemütlich gemacht haben?

*

Konformismus: Langeweile, aber sicher.

*

Nonkonformismus: das Erkennungsmerkmal
der Anarchie und daher verdächtig.

*

Nie liegt die Klasse in der Masse.

*

Wo alle den Zeitgeist bedienen,
sitzt der Heilige Geist am Katzentisch.

*

Heiliger Geist: Längst durch den Zeitgeist ersetzt.

*

Dissidenten:
Hochgelobt die der anderen Länder, bekämpft die eigenen.

*

Deutschland ist eine GmbWuS:
Gesellschaft mit beschränkter Wahrheit und Sicherheit.

Ideologie

Jede Ideologie macht mindestens auf einem Auge blind
und auf einem Ohr taub. Räumliches Sehen und Hören
ist dadurch unmöglich.

*

Ideologen sind intellektuelle Geisterfahrer.

*

Ideologien:
Autobahnen, auf denen die meisten
intellektuellen Geisterfahrer unterwegs sind.

*

Tatsachen sind gegen Ideologien immun.

*

Die nackte Wahrheit verletzt das ideologische Schamgefühl.

*

Ideologen sind politische Surrealisten.

*

Die Gebrüder Grün stellen die Gebrüder Grimm
mit ihrer Dichtkunst weit in den Schatten.

*

Wählt „Grün", es gibt noch viel zu verbieten in unserem Land!

*

Wo das Grün der Ideologie wuchert,
wird die Vernunft zum Mauerblümchen.

*

Ideologen sind wie Boxerhunde. Woran sie sich einmal festge-
bissen haben, können sie nicht mehr loslassen.

*

Welcher eingefleischte Ideologe
lässt sich schon seine schöne Theorie
durch die hässliche Realität zerstören?

*

Ideologie:
unselige Allianz von wenig Ahnung mit viel Meinung.

*

Ideologie:
Gegen Gefühle haben Fakten keine Chance.

*

Ideologien sind Gräber der Vernunft.

*

Ideologisches Saatgut fällt bei Frauen und Kindern
auf besonders fruchtbaren Boden.

*

Gutmensch: Entweder durch Dummheit und/oder Ideologie für
die schlechten Folgen seiner guten Absichten blinder Mensch.

*

Idee und Logik ergeben nur dann eine gute Ideologie,
wenn sie sich auf Augenhöhe begegnen.

*

Streiten sich Vernunft und Ideologie, gewinnt Letztere.

*

Manche Sachen sind faktisch gegen Ideologien immun.

*

Sie lieben die ganze Welt,
doch gönnen dem andersdenkenden Nachbarn
nicht die Butter auf dem Brot.

*

Unser Hintergrund bestimmt,
wie wir die Dinge vordergründig sehen.

Realität

Zwischen der Realität und der Wirklichkeit liegen oft Welten.
*

Eines verbieten sich viele Menschen aufs Entschiedenste:
von der Realität belästigt zu werden.
*

Wer sich der Realität verweigert,
wird trotzdem mit ihren Folgen leben müssen.
*

So schnell kann die Realität gar nicht sein,
dass die Wirklichkeit sie nicht einholt.
*

Die Realität ist nichts gegen die Wirklichkeit.
*

Wer unbeirrt Haltung zeigt,
könnte sich an der harten Realität
heftig den Kopf stoßen.
*

Zynismus, das zivilisierte Ventil bei erdrückender Realität.

Rassismus

Ich habe nie etwas Dümmeres gehört
als Kampf gegen Rassismus.
Im Grunde ist jede biologische Verschiedenheit
in sich schon Rassismus und Diskriminierung.
*

Der Vielfalt natürlich inhärent sind
Rassismus und Diskriminierung.
Jedes individuelle Lebewesen grenzt sich von anderen ab
und existiert nur dadurch separat von anderen.
*

Rassismus, das ist die Keule, die unaufhörlich rotiert
und jederzeit unkontrolliert treffen kann.

*

Antirassismus bekämpft Rassismus mit Rassismus.

*

Ist das schon Rassismus,
wenn ich für dieses Land schwarzsehe?

*

Die die Rassismus-Keule schwingen,
wären höchstwahrscheinlich gute Hammerwerfer –
des ausdauernden Trainings wegen.

Medien

Medien: Was Meinung ist, bestimmen wir!

*

Das Übel unserer Zeit ist nicht zu viel Information,
sondern zu viel Desinformation.

*

Medien sind so präsent, dass ihnen auch der Unwilligste
nicht ganz entkommen kann.

*

Werbung heißt,
Bedürfnisse zu wecken,
die noch nicht mal geschlafen haben.

*

Ein wahres Gottesgeschenk,
dass es Präsident Trump in Übersee gibt
und deutsche Medien ihre leeren „Seiten"
mit undifferenzierter Trump-Schelte füllen können.
Sie müssten sich sonst womöglich mit den Problemen
im eigenen Land beschäftigen.

*

Wer nichtphysische Phänomene
mit physischen Geräten messen will,
ist wahrscheinlich auch so vermessen,
übers Wasser laufen zu wollen.

Regeln

Regeln sind Riegel an der Pforte der Schöpfungskraft.
*
Es ist leicht, andere an unseren eigenen Regeln zu messen,
aber so schwer, immer selbst danach zu leben.
*
So und nicht anders? Wer sagt das?!
*
Ich kann nicht immer tun, was ich will, aber immer öfter.
*
Theorie und Praxis scheinen für einander
Fremdsprachen zu sein.
Sie verstehen sich oft nicht.
*
Wenn auch die Theorie lobt offenes Betragen,
will es der Praxis meistens nicht behagen.

Erwartungen

Es sind weniger die Menschen, die uns enttäuschen,
als unsere Erwartungen an sie.
*
Nicht Menschen, sondern Erwartungen an sie enttäuschen.

Sünde und Leid

Sünde

Es ist mehr Not und Sünde durch Unterlassung
als durch Tat in dieser Welt.
*
Was ist Sünde?
Zu wissen und nichts zu tun.

*

Für manche Sünden ist man nur nicht mutig genug.

*

Nicht Unschuld, sondern Sünde ist es
zu verharren im Stande der Unwissenheit,
wenn Wissen greifbar nahe.
Doch größer noch die Sünde,
die Wissen, das schon dein, nicht nutzt.

Leid

Es gibt viel Leid in der Welt, weil entweder
die falschen Menschen überschätzt
oder die richtigen unterschätzt werden.

*

Währungskrise ist,
wenn aus Leitwährung Leidwährung wird.

*

Wenn wir am anderen Menschen leiden,
leiden wir dann nicht eigentlich an uns selbst?

*

Ist nicht eigentlich jedes Leiden am Anderen
ein Leiden an uns selbst?
So wie auch jedes „dem anderen Leid zufügen"
uns immer selbst verletzt?

Krieg

Wenn ein Krieg anfängt,
gab es vorher schon keinen Frieden.

*

Lüge ist die Mutter aller Kriege.

*

Ein Krieg kann doch nur ausbrechen,
wenn er vorher eingesperrt war?!

*
Wer gegen andere kämpft, hat sich noch
nicht selbst besiegt.
*
Die unüberwindlichsten Grenzen sind
die selbstgesetzten.
*
Der Mensch
ist das größte und unbarmherzigste Raubtier,
und seine Beute ist der Mammon.
*
Die Geschichte lehrt, dass die Geschichte nichts lehrt.
*
Aus Frieden und Freiheit lässt sich leicht eine Lanze formen
fürs Biegen und Brechen.

Größenwahn und Überheblichkeit

Entsprechend dem Maße, wie der Mensch sich
auf sich selbst reduziert, wachsen Größenwahn
und Überheblichkeit in ihm.
*
Ein Scheinheiliger blendet mehr als ein
echter Heiligenschein.

Islam

Muslimische Männer müssen durch die Verhüllung
der Frau geschützt werden . . . vor sich selbst.
Die Verhüllung der Frau im Islam dient also einem guten
Zweck und ist ein reiner Akt der Barmherzigkeit.
Welche Frau könnte als Alternative wollen, dass man
die Männer „blendet"?
*
Der Islam gefährdet die geistige Gesundheit seiner Gläubigen
und die körperliche Gesundheit der Ungläubigen.

*

In der islamischen Welt wird eine verheiratete Frau
nicht nur vergewaltigt,
sie wird geehebrucht!

Schutzbedürfnis

Zuerst suchen „Flüchtlinge" Schutz bei den Deutschen.
Dann suchen Deutsche Schutz vor den Schutzsuchenden.

Ratgeber

Ratgeber

Wer Rat geben kann, braucht jemanden,
der ihn haben möchte.
*
Die Menschen,
die am meisten von Ratgebern profitieren würden,
lesen sie nicht.
*
Alle Übertreibung zerstört,
so dass selbst eine Tugend sich gegen dich kehrt.
*
Schwindelfrei - schon gelogen.
*
Suchst du in einem Rat dein Heil,
beweist man dir das Gegenteil.
*
Wenn du meinst, das ist dein Heil,
zeigt man dir das Gegenteil.
*
Beneide andere nicht um ihre schönen Schuhe.
Die meisten hätten nicht deine Größe.

*

Was du anschaust, schaut dich an.

*

Wer eine Sache ansieht, gibt ihr sein Gesicht.

*

Wer sein Gesicht verliert, sollte wenigstens den Kopf bewahren.

*

Wenn du selbst dich nicht liebst, warum
sollte es dann ein anderer tun?

*

Wie man sich ansieht, so wird man angesehen.

*

Die Welt krankt daran, dass wir alle zu wenig lieben.

Sanktionen

Sanktionen eines Staates gegen einen anderen sind
Erpressung. Darf ein Staat seinen Bürgern verbieten,
was er sich selbst erlaubt?

Ein Problem?

Die größten Probleme sind die, die sich selbst
für die Lösungen halten.

*

Probleme sind äußere Manifestationen
innerer Schwachstellen.

*

Lieben Sie das Besondere?
Wir haben für jede Lösung das für Sie passende Problem.

*

Mit dem Rauchen aufzuhören ist leicht.
Das habe ich schon hundertmal gemacht.

*

Bei manchen Problemen ist tatsächlich der Herd der Herd.

*

Er reparierte und reparierte –
bis zum Geht-nicht-mehr.

Man sollte ...

Man sollte alles im Leben ernst nehmen,
selbst den Spaß.

*

Man sollte
sich nur so viel auf den Teller tun,
dass man nach dem Aufessen
ein leichtes Bedauern spürt.

Tu es!

Man kann nicht immer das Richtige tun,
aber immer öfter.

*

Wer das Falsche bekommt,
sollte wenigstens das Richtige daraus machen.

Recht und Unrecht

Recht - Unrecht

Richter sollen Recht sprechen
und manchmal gelingt es ihnen tatsächlich.

*

Nicht nur vor Gericht machen viele Worte
noch lange keine Aussage.

*

Wer glaubt, dass Wahrheit und Recht zusammengehören,
glaubt auch, dass man den rechten Winkel begradigen kann.

*

Justitia ist nicht blind - sie schummelt.
*
Nirgends wird so viel gelogen wie vor Gericht.
*
Manche Menschen brauchen kein Gerichtsurteil -
sie sitzen bereits in strenger Gewissenhaft.
*
Wenn die Rechte linkt oder die Linke entrechtet, liegt
das Heil in der Mitte - im Magen.
*
Recht vor Unrecht!
*
Was nützt es dir, Recht zu haben, wenn
alle gegen dich sind?
*
Unrecht ist ein gefährliches Raubtier.
Füttere es, und es wird deine Fährte aufnehmen.
*
Unrecht, das ich anderen antue, ist
ein Raubtier auf dem Sprung zu mir.
*
Unrecht ist ein Bumerang.
*
Nicht nur Gottes, auch Anwalts Mühlen mahlen langsam.
*
Die Indizien häufen sich:
Das Recht ist nicht mehr auf dem rechten Weg.
*
Ein Urteil ohne profundes Wissen
erschöpft sich in wertloser Meinung.
*
Wenn die Richtigen Unrecht haben,
ist es für die Falschen gefährlich,
Recht zu haben.
*
Tun alle das Falsche - wird es dann zum Richtigen?

Ehrlichkeit

Ehrlichkeit ist ein wirksames Medikament -
allerdings mit starken Nebenwirkungen.
*

Alle Menschen wollen Ehrlichkeit,
aber keiner verkraftet sie.

Lügen

Jede Lüge bekommt augenblicklich Kinder.
*

Jede Lüge macht uns verletzlich und angreifbar.
*

Was Eltern ihren Kindern vorleben,
straft ihre Worte oft Lügen.
*

Was heißt hier Lüge?
Das ist Wahrheit mit Make-up!
*

Bist du jetzt ehrlich,
oder lügst du auch bei anderen Gelegenheiten?
*

Aufrechte Menschen machen keine krummen Geschäfte.
*

Am gefährlichsten sind Menschen, die an ihre Lügen glauben.
*

Bei manchen Lügen reichen die Beine bis zum Hals.
*

Manchmal haben Lügen lange und schöne Beine.

Schmeicheleien

Schmeicheleien sind die billigste Art der Bestechung.

*

Schmeichelei ist eine überzeugende Visitenkarte.
Sie öffnet auch die unnahbarsten Häuser.

*

Wer kriecht, kann nicht mehr fallen.

Fehler

Aus Fehlern lernt man?
Wenn überhaupt, nur aus den eigenen.

*

Fehler machen offensichtlich, was wir
ohne sie nicht eingesehen hätten.

*

Gerade die eigenen, uns nicht eingestandenen Fehler
fallen uns an anderen unangenehm auf.

*

Das Leben fordert die Bezahlung für unsere Fehler dort,
wo es uns am meisten wehtut.

*

Früher bezahlte jeder für seine eigenen Fehler.
Heute macht man nur noch die Fehler selbst.

*

Die meisten Meineidigen sitzen in der Regierung. Sie
wenden nicht Schaden ab vom Volk, sondern von sich selbst.

*

Jeden einzelnen von uns
holen seine Fehler irgendwann ein.
Wenn aber eine Regierung Fehler macht,
holen sie ein ganzes Volk ein.

*

Manche Fehler machen alles richtig.

*

Die Zeit berichtigt unsere Fehler nicht, wohl aber
gibt sie uns Raum zum Handeln.

*

Bei einem Fehler ertappt zu werden,
ist uns meist peinlicher als der Fehler selbst.

*

Man sollte keinen Fehler zweimal machen - erstens
zeugt es von Dummheit und zweitens ist es reizvoller,
Neues zu probieren.

*

Gemeinheiten sind meist eigener Dummheit geschuldet.

*

Fehler einzugestehen, öffnet die Tür der Vergebung.

*

Wer falsch liegt, sollte wenigstens dazu stehen.

Demokratie

Demokratie - jeder verfolgt legal seine Interessen.

*

Wir leben in einer Demokratie - daher entscheidet die
Mehrheit, was Wahrheit ist.

*

Demokratie funktioniert beim Paartanzen nicht,
Paartanzen ist reine Diktatur.
Einer führt, der andere folgt.

*

Wahrheit ist keine demokratische Größe.

*

Wahrheit in einer Demokratie: Die Mehrheit entscheidet.

*

In Wahrheit glaubt die Mehrheit der Mehrheit.

*

Die Wahrheit lässt sich selbst von der Mehrheit nicht kapern.

*

Ein Gesetz kann nur so gut sein wie
die Menschen, für die es gemacht ist,
und die, die es anwenden.

*

Grenzen der Demokratie:
Auch die größte Mehrheit kann nicht Unrecht zu Recht
bestimmen oder Lüge zu Wahrheit.
*

Die Demokratie halten am meisten die hoch,
welche sie selbst mit Füßen treten.
*

Vor der Wahl
schenkt man dir den süßen Wein
der Demokratie ein.
Nach der Wahl
lässt man dich dann
den sauren der Demokratur trinken.
*

Wer in der Demokratie die ideale Staatsform sieht,
ist blind für die Realität.
*

Je braver der Bürger desto übergriffiger der Staat.
*

Demokratie: Euphemismus für die Diktatur der Mehrheit.
*

Demokratie und freie Wahlen –
nur eine sedierende Mogelpackung.
*

Bei der Wahl gibt der Bürger seine Stimme ab.
*

Die unkritische Masse bestätigt sich bei jeder Wahl.
*

Viele Menschen sind nicht von Geburt an stumm,
sondern durch eigene Wahl.
*

Ich gebe meine Stimme nicht ab - ich brauche sie noch!
*

Kann ein Linksstaat ein Rechtsstaat sein?

Politik

Politik

Machen ist Handwerk.
Reden ist Politik.
*
Realpolitik ist das, was abläuft,
während Politiker mit etwas anderem beschäftigt sind.
*
Abgeordnete müssen zum Wohle des Volkes entscheiden
und nicht zum Wohle der Partei.
*
Abgeordnete werden zum Wohle des Volkes
gewählt und vereidigt
und handeln zum Wohle der Partei.
*
Vollkommen überzeugt sind zumeist Menschen,
die nur so ungefähr Bescheid wissen.
*
Fachkräftemangel wird überall beklagt,
scheint aber besonders in der Politik schon kritisch zu sein.
*
Was ihnen an Wissen fehlt,
machen manche durch Überzeugung wett.
*
Noch schlimmer als nicht wissen ist - nicht wissen wollen.
*
Eine große Klappe ist in zwei Richtungen zu benutzen.
*
Ohne Überzeugung gibt es keine Begeisterung.
*
Mancher Beifall ist mehr Erleichterung als Begeisterung.

*

Resignation macht aus mündigen Bürgern sprachlose,
und nur Politiker bringen es fertig,
das als Zustimmung zu deuten.

*

An alle Unzufriedenen:
Es gibt einen direkten Zusammenhang zwischen dem,
was man wählt, und dem,
was man im Land vorfindet.

*

Die höchste Erhebung Deutschlands
ist nicht mehr die Zugspitze,
sondern der Teppich, unter den man
die „Einzelfälle" der letzten Monate gekehrt hat.

*

Wer kleingeistig denkt, sich selber beschränkt.

*

Hast du von etwas nicht genug,
dann füll es auf mit Selbstbetrug.

*

Wer nicht eingehend informiert ist,
kann nicht folgerichtig entscheiden.

*

Ein Experte weiß von einem Minimum ein Maximum.

*

Experten wissen von immer weniger immer mehr.

*

Mit Geld, das man nicht selbst erwirtschaftet hat,
lässt sich großzügig wirtschaften.

*

Ein Diplom ist kein Freibrief für Inkompetenz.

*

Den Preis für die Utopien der Großen zahlen die Kleinen.

*

Zu helfen verschafft so ein gutes Gefühl –
besonders auf Kosten anderer.

*

Milliarden Euros wurden in die Finanzkrise gebuttert,
bis nichts mehr übrig bleibt für die Butter aufs Brot.
*
Die Deutschen kultivieren ihr Land,
aber Andere ernten die Früchte.
*
Politik: Wer die Grundrechenarten beherrscht,
kann zwei und zwei zusammenzählen.
*
Moderner Rechtsstaat:
Was scheren ihn Gesetze - was nicht passt, wird angepasst.
*
Die dauernd den Rechtsstaat im Munde führen,
verinnerlichen davon nur den Staat –
das Recht wird ausgespuckt.
*
Der Rechtsstaat hat sich schon längst überholen lassen.
*
Einen wirklichen Rechtsstaat erkennt man daran,
dass er sich ungestraft hinterfragen lässt.
*
Was haben Steuerzahler und Zitronen gemeinsam?
Sie werden ausgepresst.
*
Die illegale Umverteilung von Besitz nennt man Raub,
die legale Steuer. Das ist einfach,
schwieriger ist es zu sagen,
wo das Eine anfängt und das Andere aufhört.
*
Panikmache und Hypermoral sind unschlagbare Geldvermehrer
und in Zeiten einer Null-Zins-Politik fast die einzigen.
*
Mit betreutem Wohnen fing es an:
für Alte, Kranke und Behinderte.
Jetzt sind wir schon bei betreutem Denken:
für alle.

*

Wer noch nie einen Apfel gekostet hat,
sollte nicht behaupten er schmecke nicht.

*

Was er sagte, war erheblich unerheblich.

*

Wer die Ursachen der riesigen Probleme unserer Zeit
nicht einmal zu benennen wagt,
wird sie nicht lösen können.

*

Probleme sterben nicht, wenn man sie totschweigt.

*

Wer einen Menschen nicht würdigt,
ist des Menschseins nicht würdig.

*

Menschenrechte sind unveräußerliche Rechte, werden
aber von Politikern oft meistbietend verkauft.

*

Auch Politik, die am Menschen vorbeizielt, trifft:
die Politiker!

*

Doppelte Staatsbürgerschaft ist Gesinnungsbigamie.

*

Das Fatale an Politik: Nicht politisch ist politisch.

*

Reine Vernunft:
eine in der Politik selten beteiligte Größe.

*

Je irrsinniger etwas ist,
desto weniger ist es Vernunftgründen zugänglich.

*

Egal, legal, illegal.

*

Nicht protestiert ist akzeptiert.

*

Eine entscheidende Niederlage hat schon
so Manchen entgenialisiert.

*

Duldung wird erst Gewohnheit und dann Recht.

*

Ob eine Idee als brillant angesehen und verwirklicht
wird, hängt nicht zuletzt davon ab, WER sie hat.

*

Wer selbst keine guten Ideen hat,
kann wenigstens dadurch glänzen,
die guten Ideen anderer zu verteufeln.

*

Wer arm an sachlichen Argumenten ist,
versucht mit allen Mitteln,
den Gegner selbst zu diskreditieren.

*

Hält man DICH für brillant,
wird man alles VON dir ebenso sehen.

*

Denke ich an Deutschland, wird mir schon am Tage Nacht.

*

Er sprach so lebhaft und überzeugend über ihn - hätte ich einen
Job für ihn gehabt, hätte ich ihn sofort eingestellt.

*

Grenzsteine sollte man nicht nur
im Zuge der Globalisierung versetzen.

*

Sind Zuwanderer eine Bereicherung oder dienen sie nur dafür?

*

Das Selbstverständliche wird so lange nicht ausgesprochen,
bis man es nicht mehr für selbstverständlich hält.

*

Scharf zu sehen ist oft einschneidend schmerzhaft.

*

Das Monopol für die Verbreitung von Fake-News gehört mir,
sagte sich der Staat und schränkte die Meinungsfreiheit ein.

*

Seit dem Internet gibt es kein staatliches und mediales
Monopol mehr für Fake-News. Das weitläufige Verbreiten
von Fake-News ist jetzt allen möglich.

*

Fake-News gibt es in allen Medien.
Die des Mainstreams erreichen allerdings mehr Menschen.
*

Seltsam, wie viele Verschwörungstheorien
sich kurze Zeit später bewahrheiten.
*

Inserat:
Suche nach neuen Verschwörungstheorien,
da meine alten sich alle bewahrheitet haben.
*

Warum soziale Netzwerke so beliebt sind?
Sie werfen auf den Schatten der Anonymität
und Bedeutungslosigkeit den Schein
der Bekanntheit und Bedeutung.
*

Jeder Pilot weiß: Sichere Starts und Landungen
gibt es nur mit Gegenwind.
*

Mancher Einwurf ist Vorwurf und führt
als Auswurf zum Rauswurf mit Nachwurf.
*

Nicht jeder Kopierer ist ein Plagiator.
*

Auch Unterlassung ist eine Tat.
*

Bei der Bitte ging es um alles oder nichts.
Da sie alles nicht geben konnten,
entschieden sie sich für nichts.
*

Zwischen Haltung zeigen und Haltung haben liegt ein Rückgrat.
*

Heute braucht man kein Rückgrat mehr, es reicht Haltung.
*

Wenn nur noch deine korrekte Haltung gefragt ist,
kann dich deine ehrliche Meinung schnell zu Fall bringen.

*

Haltung um jeden Preis führt nicht selten
zu teuren Haltungsschäden.

*

Wer unbeugsam Haltung zeigt,
könnte sich heftig den Kopf stoßen.

*

Mit der Meinungsfreiheit ist es wie mit Pilzen.
Manchmal genießt man sie nur ein einziges Mal.

*

Freie Meinungsäußerung und Pilzgenuss
bergen das Risiko der Unbekömmlichkeit.

*

Propaganda:
Steter Tropfen höhlt das Hirn.

*

Erfolgreiche Propaganda und Indoktrination
münden in Selbstzensur.

*

Einfachheit ist Erkennen des Wesentlichen.

*

Die flachsten Bäche plätschern am lautesten.

*

Was unter den Tisch der Mächtigen fällt,
sind nicht nur Brosamen.

*

In der Politik gibt es Leichen,
die erstaunlich lebendig sind.

*

Was wohl los wäre, wenn jeder wüsste, was wirklich los ist?

*

30 Jahre nach der deutschen Wiedervereinigung 1990
frage ich mich: Welcher deutsche Teil
hat sich wirklich den anderen einverleibt?

*

Wer Grundsätzliches verändern will,
muss ans Eingemachte gehen.

*
Das Leben verlangt Profis,
muss sich aber mit lauter Amateuren herumschlagen.
*
Das ersehnte Licht am Ende des politischen Tunnels
entpuppt sich leider immer wieder als Zug.

Politisch korrekt?

Gutmenschen sind, die sich aus Prinzip niemals beteiligen,
wenn falsche Leute das Richtige tun.
*
Politische Korrektheit bedeutet,
dass falsche Leute nicht das Richtige tun dürfen.
*
Wer die Argumente des Gegners nicht entkräften kann,
diskreditiert den Gegner selbst.
*
Eigene Gedanken der Bürger sind Sand im Getriebe
des Staates und daher unerwünscht.
*
Weg mit den Querdenkern! heißt es.
Dabei gäbe es ohne sie keinen Fortschritt. Sie sind es,
die Bestehendes nicht als letzte Wahrheit anerkennen
und den Horizont nicht als feste Grenze sehen.

Querdenker wagen es, die von Gesellschaft und Staat
verschlossenen Käfigtüren des Geistes zu öffnen,
und nur ein freier Geist fliegt hinter den Horizont!
*
Bemerken darf man alles,
aber nicht über alles eine Bemerkung machen.
*
Wer nicht mit den Wölfen heult, wird von ihnen gefressen.
*
Wer nur noch rechts sieht, steht zu weit links.

*

Der blinde Kampf gegen rechts läuft Gefahr,
das Recht zu beugen und den rechten Winkel zu begradigen.

*

Politik und Gesellschaft:
Aus der Achtung Andersdenkender wurde Ächtung.

*

Auch und sogar ganz besonders politisch
darf Toleranz keine Einbahnstraße sein,
um nicht in Zwang und Ausgrenzung zu münden.

*

Vierte Gewalt:
Was die Öffentlichkeit nicht erfährt, hat nicht stattgefunden.

*

Gegenüber dem, was wir nicht hören und sehen wollen,
sind wir taub und blind.

*

Wer den Kopf in den Sand steckt,
sieht das drohende Unwetter nicht.

*

Eigentlich hatten es alle gewusst.
Die Hölle brach aber erst los,
als einer wagte, es auszusprechen.

*

Wer den Gedanken eines Anderen für flach hält,
denkt selbst vielleicht nicht tief genug.

*

Wahre Hingabe braucht Freiheit und Unabhängigkeit.

*

Nie sind Nebenkriegsschauplätze wertvoller
als in Zeiten innenpolitischer Brennpunkte.

*

Der Startschuss für den politisch gewollten
globalen Einheitsmenschen ist längst gefallen,
wurde aber durch den Schalldämpfer
nur von Wenigen gehört.

*

Wut wird aus Ohnmacht geboren und verlangt nach Taten.

*

Derzeit erleben wir die forcierte Entstehung
des globalen Einheitsmenschen.

*

Heutzutage ist musterhaft uniform angesagt.

*

Das Wunschbild des globalen Menschen:
musterhaft uniform.

*

Er war das Muster eines uniformen Menschen.

*

Wir lassen nur das Weltbild zu, das in unseren Rahmen passt.

*

Deutschland ist gespalten in Hell- und Dunkeldeutsche
und wird regiert von Dünkeldeutschen.

*

Es ist ein Unterschied,
ob man ein Nazi ist oder zum Nazi erklärt wird.

*

Der Weinkonsum steigt enorm. Das sollte
lügenden Politikern zu denken geben!

*

Nachrichten:
Früher gab es ab und zu Falschmeldungen.
Heute gibt es ab und zu keine Lügen.

*

Eine Lüge wird durch Wiederholungen zwar nicht wahrer,
aber glaubwürdiger.

*

Mit wahren Zahlen lügen nennt man Statistik.

*

Können Fakten Vorurteile schüren?

*

Bei den derzeitigen politischen Verhältnissen helfen nur noch
Antiidiotika oder Antiideologika.

*

Früher brauchte man zum Fliegen ein Flugticket.
Heute reicht es, die Wahrheit zu sagen.

*

Die Wahrheit ist keine Diplomatin.
Die Wahrheit ist autark und unparteiisch,
sie lebt durch und für sich selbst.

*

Selbstüberschätzung: die persönlichste
Vermessung der Welt.

*

Fakten sind weder politisch korrekt noch inkorrekt.
Fakten sind Fakten.
Es ist aber politisch korrekt,
unerwünschte Fakten zurückzuhalten.
Sie könnten Vorurteile schüren.

*

Vorurteile entstehen postfaktisch.

*

Wie kann die Welt besser werden,
wenn man das Schlechte nicht sehen will?

*

Nichts verschwindet einfach dadurch,
dass ich es nicht sehen will.

*

Es ist nichts Schlechtes daran, durch eigene Überlegung
dahinzukommen, wo andere schon gewesen sind.

*

Fakt ist: Nichts ist mehr so wie es ist,
sondern wie es sein soll.

*

Der Fisch stinkt vom Kopfe her,
und ein Staat fault von oben nach unten.

*

Heute schminkt man, was das Zeug hält:
Frauen, Männer, Leichen - und schon lange habe ich
keine ungeschminkte Wahrheit mehr gesehen.

*

Unsere Politiker reagieren postfaktisch,
weil sie zum präfaktischen Agieren nicht fähig sind.
*

Eine Fremdsprache zu radebrechen, zählt mehr,
als die Muttersprache zu beherrschen.
*

Wer keine Tugend hat, macht eine daraus.
*

JA zu unangepasst, NEIN zu rücksichtslos.
*

Heutzutage geht eigentlich alles, nur das Normale nicht.
*

Der Teufel hat viele Gesichter.

Keine Zukunft

Aus Sorge um seine Zukunft möchte der Staat für mehr
zukünftige Kinder sorgen und vernachlässigt die Kinder,
die schon jetzt keine Zukunft mehr haben. Der Staat übersieht
dabei, dass auch diese Kinder ein Teil seiner Zukunft sind.
*

Der Pleitegeier kreist nicht über dem Staat,
er visiert die Bürger an.

Moral

Jeder Vertrag ist nur so gut wie die Moral der
daran beteiligten Parteien.
*

Für eingefleischte Moralisten
ist selbst die nackte Wahrheit unanständig.
*

Moral ist das Pflaster, das man auf Gesetzesbrüche klebt.
*

Moral ist heutzutage sehr beliebt, weil sie so lukrativ ist.

Paradoxien

Das Paradoxe:
Selbst wenn ich nichts gewollt habe,
habe ich etwas gewollt!
*
Wie paradox: Wer sich Zeit nimmt, hat mehr davon.
*
Paradox ist, wenn vermummte Linksradikale "Gesicht zeigen".
*
Politisch paradox,
wenn man vor lauter Haltung die Orientierung verliert.
*
Es ist schon paradox, dass viele, die das kühne Wissen
vergangener Tage ganz selbstverständlich nutzen, kühne
neue Erkenntnisse rigoros als absolut unmöglich ablehnen.

Intelligenz versus Dummheit

Intelligenz versus Dummheit

Empirische Ableitung:
In jedem Menschen kämpfen ständig
Intelligenz und Dummheit miteinander.
Wer nun denkt, dass zwangsläufig
die Intelligenz siegt, ist dumm.
*
Verkannte Genies gibt es sowohl als auch.
*
Intelligent ist,
wer aus der Empirie ableitet, dass Dummheit siegt.
*
Intelligenz schützt nicht vor Dummheit.
*
Intelligent ist, wer seine Dummheit rechtzeitig bemerkt.

*

Man muss intelligent sein, um seine eigene
Dummheit zu erkennen.

*

Wirklich mutig sind intelligente Menschen,
die es wagen, dumm zu fragen.

*

Intelligenz schafft Denken,
Denken weckt Zweifel,
Zweifel bringen Unzufriedenheit,
Unzufriedenheit macht unglücklich.
Daraus folgt: Dummheit macht glücklich.

*

Man tat ihm Unrecht. Er war nicht zu dumm, eine
Entscheidung zu treffen, sondern zu intelligent.

*

Der Zustand der Welt zeigt,
dass schon viele Klügere nachgegeben haben müssen.

*

Der Dumme enteilt nach einer Momentaufnahme.
Der Weise weiß: Viele Momentaufnahmen erst
ergeben einen Film.

*

Er war stolz darauf, intellektuell zu sein.
Allerdings wusste sein Verstand nicht,
dass ihm etwas viel Wichtigeres fehlte.

*

An manche Dinge glauben nur Dumme
oder solche, die es müssen.

*

Nicht dumm, nur verzögert intelligent.

*

Es kommt nur heraus, was darin ist.

*

Auch wer Kometen entdeckt,
kann einen beschränkten Horizont haben.

*

Wer sich alle Türen offen hält, ist nicht ganz dicht.

*

Für ein grobes Getriebe ist ein Sandkorn
nur eine lästige Mücke.

*

Ein grobes Getriebe zerquetscht ein Sandkorn
wie eine lästige Mücke.

Sei weise

Was der Törichte mit Gewalt lösen will und der Kluge mit seiner
Intelligenz, das überlässt der Weise seinem Schöpfer.

*

Wo der Törichte aufbegehrt, der Kluge argumentiert,
da schweigt der Weise!

*

Wer sich selbst für weise hält, ist meistens nicht mal klug.

*

Manche leugnen das Unfassbare selbst dann,
wenn ihnen vor ihren eigenen Augen Eselsohren wachsen!

Überflüssig

Oft quillt den Menschen aus dem Kopf,
was überflüssig wie ein Kropf.

*

Gott ist weder männlich noch weiblich - er ist alles.
Muss ich ihm aber deswegen einen Doppelnamen geben?

V. Von Raum und Zeit und Veränderung

Kreislauf des Lebens, Erinnerung, Wege und Umwege, Veränderung, Raum und Zeit

„Wenn wir etwas einfach genial finden, ist es meistens genial einfach!"

Kreislauf des Lebens

Kreislauf

Kreislauf des Lebens.
Alles strömt aus
und alles strömt hin
zu Gottes Kraft,
ist ewiger Ausdruck
seiner unendlichen Liebe.
Das ist der Kreislauf des Lebens,
er ist ohne Anfang,
und er ist ohne Ende.
*
Der Kreislauf des Lebens ist unendlich,
und alles hat seine Jahreszeiten -
auch der Mensch.
*
Enttäuschung ist eigentlich End-Täuschung.
*
Ent - täuscht zu sein
heißt auch, frei zu sein für etwas Neues.
*
Wenn etwas Altes aufhört, wird etwas Neues geboren.

*

Wenn etwas Neues beginnt, hört etwas Altes auf.

*

Kleiner Kreislauf - große Wirkung:
Liebe führt zu Geduld, Geduld führt zu Achtsamkeit,
Achtsamkeit führt zu Achtung, Achtung führt zu Toleranz,
Toleranz führt zu Frieden, Frieden führt zu Liebe.

Alte Junge oder junge Alte

Alt werden JA, alt sein NEIN!

*

Veränderung ist die Jugend des Alters.

*

Jeder möchte alt werden
und gleichzeitig die Ausnahme sein,
die das Alter übersieht.

*

Wer ihr Alter nicht kannte, hielt sie für eine alte Junge,
aber wer es kannte, für eine junge Alte.

*

Lieber eine junge Alte sein als eine alte Junge.

*

Das beste Mittel gegen unerwünschte
Folgen des Alters ist Lebensfreude.

*

Bleib gesund, doch nicht der Alte,
denn in der Veränderung liegt die Jugend.

*

Gutes Aussehen in jedem Alter ist eine Mischung
aus geglückter äußerer Aufmachung und innerer
Ausstrahlung.

*

Alter allein macht nicht weise
und dank Haarfärbemitteln
nicht mal mehr weiß.

*

Je älter ein Mensch wird,
desto mehr beschneidet die Schere
des Pragmatismus
die Ästhetik.

*

Lebensfreude kennt kein Alter.

*

Schönheit fragt nicht nach Alter.

*

Der Überlegene steht zu seinem Alter.

*

Die wahre Lebenskunst besteht darin,
in jedem Alter Freude am Leben zu haben.

*

Jede Lebenskunst ist ein Sieg
im Kampf gegen den allgegenwärtigen Verfall.

*

Das Alter ist gnädig - nie kommt es über Nacht.
Wir haben ein Leben lang Zeit, uns daran zu gewöhnen.

*

Das Alter muss der Wahrheit mutig
ins immer faltigere Antlitz blicken.

*

Keiner wird alt über Nacht.

*

Mit Blick auf die Organtransplantation
bekommt der Satz
„Altes Herz wird wieder jung."
eine ganz neue Bedeutung.

*

Ich schenk dir mein Herz?
Chirurgisch heute alles möglich.

*

Manche Menschen sind bis ins hohe Alter
erstaunlich gesund -
trotz Apotheke!

*

Jugend ist (k)eine Frage des Alters.

Gib Anstöße

Wir können einen Menschen niemals ändern,
nur Anstöße geben dafür.
*
Manchmal sind äußere Anstöße
und Anregungen nötig,
um uns an unsere ureigensten
Stärken und Fähigkeiten
zu erinnern.
*
Jede Fähigkeit muss genährt werden,
um nicht zu sterben.

Erinnerung

Erinnerung

Erinnerung ist der einzige Ort,
aus dem wir nicht
vertrieben werden können.
*
Sentimentalität ist der Weichspüler
der Erinnerung.
*
Wir übermalen unsere Erinnerungen gerne
mit dem Weichzeichner der Sentimentalität.
*
Aus Düften wachsen die Bilder
der Erinnerung.
*
Tut manche Erinnerung auch unsagbar weh,
wir wären ärmer ohne sie.

Fortsetzung

Wie jeder Tag eine Fortsetzung
des vorhergehenden ist,
so ist es jedes Jahr
und sogar jedes Leben.
*
Jeder Tag beschreibt eine neue Seite
in unserem Lebensbuch.

Wege und Umwege

Wege und Umwege

Um neue Orte zu entdecken,
muss man neue Wege gehen.
*
Wer nicht nach neuen Wegen sucht,
wird sie nicht finden.
*
Neue Wege laufen uns nicht von allein über den Weg.
*
Neue Wege fangen da an, wo wir unsere Denk- und
Sichtweise verändern.
*
Um herauszufinden, wie weit man kommen kann,
muss man erst einmal losgehen.
*
Um neue Orte zu entdecken,
muss man neue Wege gehen.
Neue Wege fangen da an, wo wir
unsere Denk- und Sichtweise verändern.
Doch nur wer aufhört, sich Grenzen zu setzen,
entdeckt die Unendlichkeit.

*

Wege öffnen sich beim Gehen.

*

Wer aufhört, sich Grenzen zu setzen,
entdeckt die Unendlichkeit.

*

Unendlichkeit ist Entgrenzung des Geistes.

*

Wähle gut, entscheide dich richtig,
welchen Weg du einschlägst!
Mag es auch manchmal so scheinen,
als wäre der angenehmere, sanftere Weg
der richtige, so täusche dich nicht,
er ist es meistens nicht.
Oftmals spürst du im Innern die Wahrheit ganz genau.
Du ahnst sie, ohne sie wahrhaben zu wollen,
und wählst den einfachen, falschen Weg.
Er führt dich auch weiter, dem Sinn des Lebens zu,
aber er geht weite, weite Umwege.

*

Der Weg des Leidens
kann ins Licht führen
wie alle anderen Wege auch,
nur vielleicht ein bisschen schneller.

*

Besser ein steiniger Fußweg nach oben
als eine Autobahn nach unten.

*

Ein steiniger Weg ist besser als gar keiner.

*

Der Weg ist das Ziel.
Wirklich?
Auch wenn man im Kreis geht?

*

Amerika kann nur entdecken, wer keine
Angst vor unbekannten Ozeanen hat.

*

Sogar auf dem Holzweg ist man selten allein.

*

Die lohnendste und wichtigste Reise
ist die zu sich selbst.

*

Das großartigste Reiseziel
liegt in einem unbekannten Land,
dem Land in dir.

*

Auch bei der weitesten Reise
kommt man immer bei sich selbst an.

*

Ohne ein glückliches Zuhause
gibt es keine glückliche Reise.

*

Wer mit der Phantasie auf Reisen gehen kann,
ist niemals einsam.

*

Die Leute schreiben beim Verreisen
nur Karten, um dies zu beweisen.

*

Mancher sucht das Weite und findet es nicht.

Kleine Schritte

Durch der kleinen Schritte Breite
erschließt sich dir des Lebens Weite.

*

Schon mit nur einem einzigen Schritt
fängt Veränderung an.

*

Riesige Entfernungen bestehen auch nur
aus kleinen Schritten.

Wandere

Jeder Wanderer in der Nacht
geht dem Tag entgegen.
*
Eine Wanderung ist mehr
als die Summe ihrer Schritte.
*
Wandere und der Tag ist gelaufen.

Ankommen

Um bei sich selber anzukommen,
braucht man nicht wegzufahren.
*
Manchmal muss man fortgehen
um anzukommen.

Veränderung

Veränderung

Wenn du die Welt wirklich verändern willst,
dann fange bei dir selbst an!
*
Wer die Welt bewegen will,
muss zuerst sich selbst bewegen.
*
Der Wille zur Veränderung scheitert oft daran,
dass man sich selbst nicht genug überzeugen kann.
*
Wenn nicht mehr du die Dinge besitzt, sondern
die Dinge dich besitzen, ist es Zeit sie aufzugeben.

*

Verändere die Dinge und
die Dinge verändern dich.
*

Bleib wie du bist?
Nein!
Nimm dich an wie du bist
und dann verändere dich!
Denn Leben heißt Veränderung.
*

Jede Veränderung
eines Teilstückes verändert
gleichzeitig das Ganze.
*

Das Wort Leben
ist nur ein Synonym
für Veränderung.
*

Nichts bleibt, wie es ist -
das ist das einzig Bleibende im Leben.
*

Glaube, Hoffnung und Liebe -
diese drei sind es,
die die Welt verändern.
*

Jedes Leben hinterlässt Eindruck
im Leben eines anderen.

Ziele

Um große Ziele zu erreichen,
setze dir kleine!
*

Es ist nicht von Bedeutung, wann man am Ziel ankommt,
sondern dass man ankommt.

*

Der gern gegangene Weg ersehnt und fürchtet sein Ziel.

*

Der gern gegangene Weg
ersehnt und bedauert zugleich sein Ziel.

*

Wenn wir nur wüssten,
dass manche scheinbar unerreichbaren
Ziele direkt hinter der nächsten Kurve liegen!

*

Alles Herausragende ist ein sichtbares Angriffs-Ziel.

*

Ziele suchen sich ihre Wege.

Verantwortung

Jeder Einzelne von uns ist verantwortlich
für jeden Umstand, der die Erde und ihre
Lebewesen betrifft.

*

Misstraue
dem allzu Offensichtlichen,
denn es hindert dich,
tiefer zu sehen!

Fortschritt

Jeder Fortschritt ist ein gewonnener kleiner Krieg
gegen Ignoranz und Überheblichkeit.

*

Jeglichen Fortschritt verdanken wir den Unzufriedenen.

*

Nicht alles Neue ist Fortschritt.

*

Was uns weiterhilft, bringt uns den Dingen näher.

*

Fortschritt wie Krieg verdanken wir nicht den
Sanftmütigen, sondern den Kämpfern.
*
Dinge werden uns oft dadurch bewusst, dass wir sie tun.
*
Abgrenzung bedeutet Individualismus.
Durch ihn entsteht Fortschritt.
In der amorphen Suppe der Gleichheit
existiert kein Spannungsfeld,
keine anregende Reibung,
entstehen keine aktiven Energieströme:
nur lammfrommer Einheitsbrei.

Einfach / Genial

Schwierige Dinge muss man einfach verstehen.
*
Das Schwierige liegt im Einfachen.
*
Das Einfache ist pur
und hat doch das Schwierige in sich.
*
Um Schweres zu erklären, muss man es
einfach verstanden haben.
*
Das Leben ist einfach kompliziert.
*
Das Einfache zu finden, ist kompliziert.
*
Einfach ist schwierig.
*
Wenn wir etwas einfach genial finden,
ist es meistens genial einfach.
*
Das Geniale liegt in der Einfachheit.

*

Das Geniale erhebt sich nicht nur
über das Handwerk,
es gründet auch in ihm.

Teilstücke

In jedem Teilstück des Lebens
verbirgt sich das Ganze.
*
Was wirklich
von einer Lebensgeschichte übrig bleibt,
steht oft zwischen den Zeilen.
*
Das Bedeutende
ist immer die Summe des Unbedeutenden,
denn aus dem Unbedeutenden
erwächst das Bedeutende.
*
Wenn vieles dir verborgen ist,
bist du noch nicht bereit zu sehen.

Können und Wollen

Denke an Liebe, Frieden, Harmonie und Glück.
Lass es dein Wollen sein, das dich ausfüllt,
und du wirst Liebe, Frieden, Harmonie und Glück
in dir erfahren und es letztendlich sein
in deinem Wesen.
*
Alles ist erreichbar.
Es hängt nur davon ab, was wir wollen
und was dieses Wollen uns wert ist.

*

Vor dem Können steht immer das Wollen.

*

Es kommt nicht nur darauf an, was man weiß,
sondern, was man daraus macht!

*

Wer immer etwas werden will, wird nie etwas sein.

*

Wir haben weniger Schwierigkeiten damit,
neue Dinge zu beginnen, als alte aufzugeben.

*

Wollen beflügelt, was Müssen beschwert.

*

Bevor wir Berge erklimmen können,
müssen wir Täler durchschreiten.

*

Was fremd und revolutionär,
erzeugt meist heftig Gegenwehr.

Fügung

Je stärker der Mensch an sich arbeitet
und je mehr Arbeit und Gefühl
er in sein Interessengebiet investiert,
desto mehr werden sich ihm
hilfreiche Wege erschließen:
Intuition, Inspiration, hilfreiche Menschen,
die seinen Weg kreuzen
und ihm Antworten auf Fragen geben.
Wahrlich Fügungen, die kein menschlicher Geist
je besser hätte ersinnen können.

Raum und Zeit

Vergangenheit, Zukunft, Gegenwart

Gegenwart ist Sein.
Vergangenheit ist die reale Erinnerung dieses Seins
und Zukunft die Erinnerung des virtuellen Seins.
Vergangenheit und Zukunft sind das Gedächtnis
des Seins, das sich für uns als Zeit definiert.
*
Gegenwart ist sichtbar gewordene Vergangenheit.
*
Die Vergangenheit wirkt manchmal nur so schön,
weil unsere Erinnerung etwas kurzsichtig ist
und der Dunst der Sentimentalität
ihr die Augen trübt.
*
Die Vergangenheit ist wichtig,
die Zukunft ist wichtig,
am wichtigsten aber ist die Gegenwart!
*
Die Schnittstelle von Vergangenheit und Zukunft
ist die Gegenwart.
*
Die Früchte unseres Lebens wachsen auf dem
Humus unserer Vergangenheit.
*
Die Vergangenheit stirbt nie gänzlich
und lebt als Fundament
unserer Gegenwart und Zukunft weiter.
*
Jede Vergangenheit hat IHRE Zukunft.
*
Verbindet man Präsens mit Präsenz, ist
die Gegenwart gegenwärtig.

*

Was lange zurückliegt,
muss noch lange nicht hinter dir liegen.

*

Der Handlungszeitraum des Menschen liegt immer
in der Gegenwart, im Jetzt und Hier.

*

Der Handlungszeitraum im Leben
ist immer JETZT.
Wer MORGEN sagt,
meint im Grunde seines Herzens NIE.

*

Im Jetzt und Hier zu leben bedeutet,
in der Gegenwart gegenwärtig zu sein.

*

Lebe im Jetzt und im Hier,
denn aus dem gelebten Heute
entsteht unser entsprechendes Morgen.

*

Die Zukunft ist der virtuelle Raum
unserer Entscheidungen.

*

Wer zu sehr in der Zukunft lebt,
versäumt die Gegenwart,
die Voraussetzung für jede Zukunft.

*

Je schöner die Gegenwart,
desto eiliger die Zukunft.

*

Wer zu sehr das Gestern bedauert
und um das Morgen sich sorgt,
der verschenkt das Heute.

*

Die Gegenwart ist
das Fundament der Zukunft.

*

Bälle, die wir heute abspielen,
treffen uns oft schmerzhaft und überraschend
in der Zukunft.

*

Die Zukunft ist nicht so ungewiss,
wie manche meinen,
und nicht so gewiss.

Der Raum

Der Raum und nicht die Zeit
ist Schöpfung, Kraft und Leben.

*

Der Raum ist der Anker der Zeit,
das Bett, in dem sie ruhen
und verweilen kann.

*

Der Raum ist Gegenwart,
ist Jetzt, ist Hier.

*

Ewigkeit bedeutet zeitloser Raum.

*

Ist die Zeit ein Fluss,
ist der Raum das Flussbett.

Zeit

Zeit ist nichts anderes als Erinnerung,
sie ist das Gedächtnis
des Seins.

*

Wenn wir ganz und gar bei uns selbst sind,
„vertreiben" wir uns die Zeit.

*

Das Geistreich-Witzige fesselt den Augenblick,
das Sinn-Volle aber die Zeit.

*

Füllen die Dinge, die du tust,
nur deine Zeit aus oder auch dich?

*

Was uns in Notzeiten helfen soll,
müssen wir in guten Zeiten üben.

*

Die Zeit ändert sich - das Leben bleibt.

*

Anwalts Mühlen mahlen langsam Zeit zu Geld.

*

Zeit bekommt man nicht geschenkt,
Zeit muss man sich nehmen.

*

Wer Zeit hat, hat sie sich genommen.

*

Zeit hat der, der sie sich nimmt.

*

Lebendige Zeit ist gesunde Lebensnahrung.
Totgeschlagene Zeit hat nur tote Kalorien.

*

Tage sind die Dominosteine der Zeit.
Wer aber stellt sie auf?

*

Die Zeit macht nur etwas besser,
wenn man sie dorthin bewegt.

*

Was manche Menschen nicht alles gemacht haben!
Wann hatten die noch Zeit für ihren Beruf?

*

Wer im ewigen Jetzt lebt,
für den ist Zeit bedeutungslos.

*

Die Zeit kann die Ewigkeit nicht verändern.

*

Die Zeit macht uns nicht zu dem,
was wir sind. Sie ist gegenüber
unserer subjektiven Handlungsweise
völlig neutral.

*

Die Zeit stellt nichts mit uns an,
es ist eher umgekehrt.

*

Die nicht immer angenehme Gegenwart ist das,
was wir später einmal die gute alte Zeit nennen.

*

Während die Zeit sich entfaltet, faltet sie uns.

*

Der Mensch braucht Oasen
als Rückzugsorte von der Hektik des Alltags.
Solche Oasen sind bewusst gelebte Zeiträume
der Ruhe, der Besinnung und Stille,
aber auch kleine Freuden,
die wir uns immer wieder selbst schenken können
und die unseren Alltag wohltuend
unterbrechen und beleben.

*

Nicht die Zeit verändert die Menschen,
sondern die Menschen die Zeit.

*

Wer mit der Zeit geht, geht mit der Zeit.

*

Auch wer nicht mit der Zeit geht, geht mit der Zeit.

*

Genau genommen ändern sich nicht die Zeiten,
sondern die Menschen.

*

Nur die Zeit die ich mir nehme,
gehört mir.

*

Totgeschlagene Zeit - die Nullrunde des Lebens.

*

Je mehr Zeit der Mensch durch Maschinen
einspart, desto weniger hat er tatsächlich.
Wo aber geht diese Zeit hin?

*

Wenn wir keine Zeit für etwas haben,
wollen wir es nicht richtig!

*

Für alles, was wir wirklich wollen,
haben wir auch Zeit.

*

Die Zeit steht still im inn'ren Raum allein,
weil dort nur sie sich selbst vergessen kann.

Zur richtigen Zeit

Für alles, was immer dem Menschen geschieht,
ist er gerüstet und zur richtigen Zeit am richtigen Ort!

*

Jedes Ding hat seine Zeit und darum
auch Gelegenheit.

*

Wer die Zeichen der Zeit nicht erkennt,
hat das Nachsehen.

*

Verpassten Gelegenheiten
sollte man nie nachtrauern,
sondern nach der nächsten
Ausschau halten.

*

Die Stunde bietet sich feil
und schenkt ihre Gunst dem Ersten,
der sie nimmt.

*

Tiefstschläfer
merken nicht einmal,
wenn es dreizehn schlägt.

Menschen auf der Flucht

Rastlose Menschen
sind auf der Flucht vor sich selbst.
*
Menschen,
die auf der Flucht sind
vor sich selbst,
müssen sich doch
immer mitnehmen.

VI. Von Wundern, Wahrheit und Wahrnehmung

Wunder, Wahrheit, Überzeugungen, Prinzipien und Gesetzmäßigkeiten, Gewohnheit

„Die Wahrheit kennen heisst sie leben, sonst ist sie dir umsonst gegeben."

Wunder

Wunder

Warum wir Wunder nicht bemerken?
Weil sie so alltäglich sind.
*
Wer Wunder nicht kennt,
hat sie nur nicht gesehen.
*
Es gibt keine großen und kleinen -
nur Wunder.
*
Nie wird einem das Wunder des Lebens
mehr bewusst als durch eine Geburt.

Chancen

Sei offen für alles Unglaubliche,
es hat eine fünfzigprozentige Chance,
wahr zu sein!

*

Keine Chance wartet unendlich und
kommt genau so nie wieder.

*

Chancen sind die Joker des Schicksals.
Spielst du sie nicht, tut es ein anderer.

*

Das Schicksal ist der Joker des Lebens.

*

Beim Warten auf den großen Auftritt
verpasse dein Stichwort nicht!

*

Das Unwahrscheinliche
hat eine Wahrscheinlichkeit
von fünfzig Prozent.

Wirklichkeit

Was wir sehen, hören, fühlen,
riechen und schmecken,
stellt nicht das Ganze dar,
sondern nur einen Teil davon -
ist nur physischer Aspekt
einer anderen Wirklichkeit.

Wahrheit

Wahrheit ist das als richtig Erkannte,
das Unumstößliche, nicht mehr in Frage zu Stellende.
In diesem Sinne ist Wahrheit ein Gesetz und
Gesetz ist Wahrheit!

*

Menschen, die gerne mit Wahrheiten
auf andere werfen, werden selbst gar
nicht gerne von ihnen getroffen.

*

Wahrheit kann jeder Mensch nur
im Bereich seines individuell Möglichen
erkennen und zulassen.
Er erfährt sie dadurch zwangsläufig
angepasst und fragmentarisch.
Die Wahrheit selbst bleibt davon
unberührt und ungeteilt.

*

Es gibt meine Wahrheit
und es gibt deine Wahrheit,
und wenn wir auch noch so sehr
von ihr überzeugt sein mögen,
der einzigen und absoluten Wahrheit,
der göttlichen, werden wir
nicht einmal ansatzweise gerecht.

*

Die Wahrheit kennen heißt sie leben,
sonst ist sie dir umsonst gegeben.

*

Grundlegende Wahrheiten des Lebens
verändern sich nicht.

*

Viele Menschen sind heimliche Friseure -
sie frisieren gerne mal die Wahrheit.

*

In den schlichtesten Worten
verbergen sich oft die größten Wahrheiten.
Warum?
Weil die großen Wahrheiten
im Grunde auch ganz einfach und schlicht sind.

*

Die Wahrheit zu leugnen verändert sie nicht,
sondern hemmt nur die eigene Entwicklung.

*

Ein jeder sieht dieselbe Wahrheit
mit seinem eignen Licht der Klarheit.

*

Wahrheit an sich bleibt immer Wahrheit, ich kann sie nicht
teilen, sie nicht verändern oder außer Kraft setzen.

*

Was wir für universelle Wahrheit halten, ist oft nicht mehr
als eine verwackelte Momentaufnahme.

*

Die Wahrheit lässt sich selbst von der Mehrheit nicht kapern.

*

Wenn du nicht siehst, was andre sehen,
so ist das einfach zu verstehen.
Ein jeder sieht dieselbe Wahrheit
mit seinem eignen Licht der Klarheit.

*

Die Wahrheit ist sehr beliebt...theoretisch.

*

Die Wahrheit kommt selten über
das theoretische Lippenbekenntnis hinaus.

*

Wahrheit ist wie Röntgenstrahlen.
Sie durchdringt und arbeitet verborgen.

*

Was ist die Wahrheit doch für eine gemeine
und rücksichtslose Lebensspielverderberin!

*

Wahrheit ist wie strahlende Morgensonne.
Wer mit Nachtaugen in sie blickt, wird geblendet.

*

Die Wahrheit ist schmerzvoll:
für den, den sie betrifft,
oft aber mehr noch für den,
der es wagt, sie auszusprechen.

*

Um Dinge zum Besseren verändern zu können,
muss zuerst der Ist-Zustand
wahrheitsgemäß benannt werden.

*

Manche versuchen, die Wahrheit zu verbiegen,
aber verbiegen letztendlich nur sich selbst.

*

Wahrheit kann nicht falsch sein, oder?

*

Ausgezeichnete Augenöffner sind:
genügend Schlaf, Wimperntusche und die Wahrheit.

*

Wem Wahrheit nicht genehm ist, macht aus ihr „Warheit".

*

Elasthan ist sehr bequem,
macht Stoffe weich und angenehm.
Es dehnt, was zwickt. Das macht auch Sinn.
Jetzt steckt es auch in Wahrheit drin.

*

Wir leben in einer sehr bequemen Zeit,
überall ist Elasthan enthalten,
sogar - und ganz besonders - in der Wahrheit.

*

Es gibt meine und es gibt deine Wahrheit,
aber beide sind nur Teilchen der großen
kosmischen, ja göttlichen Wahrheit.

*

Wer sein eigenes Selbst ganz erkannt hat,
der kennt auch des Lebens ganze Wahrheit.

*

Fürchte nicht das Dunkle,
das, was vor dir liegt, verbirgt,
denn immer schreitet dir voran
die Wahrheit und das Licht,
um zu erleuchten
deine nächsten Schritte!

*

Nichts wird dadurch unwahr,
dass ich es nicht wahrhaben will.

*

Sind wir stets auch noch so sehr
auf Wahrheit eingeschworen,
wenn wir sie nicht hören wollen,
trifft sie auf taube Ohren!

*

Ist etwas einfach nur deswegen unwahr,
weil wir es nicht verstehen oder
nicht sehen oder anfassen können?

*

Der Kuss der Lüge besudelt
den Mund der Wahrheit nicht.

*

Der Weg zur Wahrheit ist ein Labyrinth,
und ihr Haus hat unendlich viele Türen
vor unendlich vielen Türen.
Nur eine weiß den Weg direkt in ihr Herz:
die Liebe.

*

Es gibt nichts Wahreres als die Natur.
Jeder Angriff auf sie ist ein Angriff
auf die Wahrheit selbst.

*

Wenn man sich einig ist,
die absolute Wahrheit zu kennen,
erübrigt sich jeder Diskurs.

*

Die bitterste Medizin ist eine Wahrheit,
die man schlucken muss.

*

Die Wahrheit stirbt nicht,
indem man sie totschweigt.

*

Ach, die Wahrheit!
Weil man ihr ständig am Zeug flickt,
läuft sie zerlumpt herum.

Überzeugungen

Nur der Mensch aber ist
wirklich wahrhaftig, der
seine inneren Überzeugungen
und Wahrheiten lebt -
ohne Ansehen der Person,
des Umstandes, der eventuellen
Vorteile oder Nachteile.
*

Deine Überzeugungen sind der Filter
für deine Wahrnehmung.
*

Bibelauslegung?
Meist Spitzfindigkeit, die den eigenen
Zielen und Überzeugungen dient.
*

Wer von seinen Werten überzeugt ist,
dem sind auch seine Überzeugungen etwas wert.
*

Haben wir den Mut, Herr zu sein
über unser eigenes Leben,
das zu tun, was unser Inneres uns sagt,
unsere wahren Überzeugungen,
und nicht dem zu folgen,
was man tut oder was andere gern
von einem erwarten!
*

Was sind deine Werte dir wert?
*

Deine Werte sind nur so viel wert,
wie sie dir wert sind.
*

Auch wer zu seinen Überzeugungen steht,
kann völlig daneben liegen.

*

Überzeugungen unterliegen oft
ihren eigenen Nachteilen.

Prinzipien und Gesetzmäßigkeiten

Ewige Wahrheiten sind zeitlose Prinzipien des Lebens.

*

Das Prinzip der Welle
ist das Auf und Ab des Lebens.

*

Ein Prinzip ist solange gültig,
bis etwas ihm Übergeordnetes eintritt
und es ungültig macht.

*

In ungewissen Zeiten satteln Prinzipienreiter um -
auf Wetterhähne.

*

In allen Gegensätzen begegnen wir Gesetzmäßigkeiten.

*

Gesetzmäßigkeiten entfalten ihre Wirkung auch dann,
wenn man ihnen keinen Glauben schenkt
oder nichts von ihnen weiß.

Gewohnheit

Gewohnheit / Langeweile

Etwas Gewohnheit schenkt Sicherheit,
zu viel Gewohnheit Langeweile.

*

Behaglichkeit ist die kleine Insel
zwischen Betriebsamkeit und Langeweile.

*

Gewohnheit ist das Transportmittel
für schleichend wirkende Gifte.

*

Verändere deine Gewohnheiten und
deine Gewohnheiten verändern dich!

*

Gewohnheiten schleichen sich einfach ein -
vertreiben lassen sie sich nur schwer
mit Selbstüberwindung und Disziplin.

*

Die Folge von zu viel Gewohnheit
ist Langeweile.

*

Schlimmer noch als Langeweile
ist Ereignislosigkeit.

VII. Von Jahreszeiten und Emotionen

Jahreszeiten, Sonnenstrahlen, Weihnachten, Gut und Böse, Lachen und Weinen, Sorgen - Kummer - Tränen, Stolz, Gier und Habgier, Neid - Hass - Streit, Versöhnung, Schmerz, Trauer, Tod

„Wer in der Traurigkeit lächeln kann, hat schon das Licht der Hoffnung entzündet."

Jahreszeiten

Jahreszeiten

Theoretisch hat Deutschland vier festgelegte Jahreszeiten.
Praktisch entscheiden diese jedoch selbst jeden Tag neu,
wer von ihnen tatsächlich dran ist.
*
Warum wir alle den Frühling so lieben?
Weil er, mehr als alles andere,
die Unsterblichkeit des Lebens verkörpert,
in Schönheit.
*
Frühlingssehnsucht
Ich war doch schon von Kopf bis Fuß auf Frühling eingestellt ...
Wenn es jetzt nicht bald bunt wird, wird's mir zu bunt ...
*
Nur kurz versöhnt der Tage Milde
mit Kälte und mit Dunkelheit.
Es flieht in wärmere Gefilde
die Sehnsucht. Frühling scheint
so weit.

*

Vom Frühlingsregen nährt sich der Sommer.

*

Im Mai wächst dem Vieh
das Futter direkt ins Maul.

*

Schöne Sommertage verabschieden sich meist
mit einem kräftigen Donnerwetter.

*

Die Träume des Sommers legt der Winter auf Eis.

*

Herbst: des Sommers Ausverkauf -
alles muss raus!

*

Der Herbst verschenkt die letzte Süße des Sommers,
bevor der Winter alles auf Eis legt.

*

Mancher Herbst fährt nicht die Ernte ein,
die die Frühlingsblüte versprochen hat.

*

Der Winter ist gleichzeitig Finale und Ouvertüre
im Konzert der Jahreszeiten.

*

Wintersonne lacht.
Diamantenes Funkeln
knirscht unter dem Schuh.

*

Im Winterschlaf träumt das Korn
vom Ährengold im Sommerwind.

*

Es träumt das Korn im Wintersturm
vom Ährengold im Sommerwind.

*

In der Sinfonie der Jahreszeiten
ist der Winter gleichzeitig
Schlussakkord und Auftakt.

Blühen und Vergehen

Die Bestimmung der Rose ist es,
zu blühen und zu duften.
Und so blüht und duftet sie
und stirbt, sich verströmend.
*
Die Blüte betrauert ihr Verblühen nicht.
Sie weiß, ewige Blüte
trägt niemals Frucht.
*
Die ewige Sehnsucht des Menschen nach Liebe
in all ihren Stadien: die kindlich unschuldige,
die jugendlich sexuelle, die fruchtende, erntende Liebe
und, nicht zuletzt, die verinnerlichte Liebe,
die Liebe, die über den Menschen hinauswächst,
und er somit mit ihr.

Alles vereint der Kirschbaum,
ein ewiges Symbol der Liebe.
Also, lieber Mensch, nicht traurig sein,
wenn die Blüten schnell verblühen.
Dazu sind sie bestimmt,
die ewige Blüte trägt niemals Frucht.
*
Die Rose kümmert nicht der Ort, an dem sie blüht,
sie blüht einfach.
*
Siehe,
jedes Große liegt bereits im Kleinen.
Es ist die Knospe, die die Blüte birgt.
*
Unter der welken Blüte
warten schon die neuen Knospen.

*

Die Knospe unter vielen wird nicht zur großen Blüte.

*

Unsere eigenen Knospen verdorren, wenn wir
nur andere Menschen blühen lassen.

*

Orchidee: betörende Schönheit aus verstörender Kargheit.

*

Gelber Enzian: Blüht zwar gelb, macht aber blau.

Ein Vogel

War nur ein kleiner Vogel
und nahm doch, als er ging
- Gott weiß, wohin -,
ein Stück von meinem Herzen.

*

Vogelperspektive:
Morgenstund hat Wurm im Mund.

Sonnenstrahlen

Sonnenstrahlen

Eine Pflanze nimmt jeden Sonnenstrahl auf,
sei er noch so klein,
und nutzt ihn für ihr Wachstum.
Warum tust du das nicht auch?

*

Sonnenstrahlen sind überaus fleißig und nachhaltig.
Zuerst bräunen sie die Haut und dann falten sie sie.

*

Sonnenstrahlen sind wie Bügeleisen.
Bei unsachgemäßem Gebrauch verbrennen
und zerknittern sie das Gewebe.

*

Sonnenbaden hat Folgen:
Kurzfristig Bräune - langfristig Falten.
*

Verdunkele nie aus Mitgefühl
mit dem Leid anderer dein eigenes Leben.
Sei lieber du der Sonnenstrahl,
der in ihre Dunkelheit leuchtet.

Festtag

Jeder Tag kann für dich ein Festtag sein,
wenn Festtagsstimmung in dir ist.

Weihnachten

Weihnachten:
zu Herzen gehendes Symbol
der Liebe Gottes zu den Menschen.
*

Der Geist von Weihnachten, Ostern und Pfingsten
ist immer da, aber im Begehen dieser Festtage
machen wir ihn uns wieder neu bewusst.
*

Das Wunder der Weihnacht, das heilige Licht,
es ist dir ein Zeichen, das Hoffnung verspricht.
*

Bewahr dir die Weihnacht als Freude im Leben,
denn eigens dafür ist sie uns gegeben.
*

Um der Menschen und um Gottes Willen
lass es Weihnachten sein
an jedem Tag deines Lebens,
empfinde und lebe und verschenke
diese Freude.

*

Um Gottes und der Menschen willen
bewahr dir die Freude der Weihnacht,
empfinde und lebe und verschenke sie
an jedem Tag deines Lebens
immer wieder aufs Neue.

*

Erstaunlich, erstaunlich, mit welcher Hingabe
viele Atheisten und Nichtchristen Weihnachten feiern.

*

Weihnachten ist doch zu schön,
um ganz konsequent
Atheist zu sein.

*

Für Weihnachten ist bei Atheisten
noch ein „Plätzchen" frei.

*

Süßer die Kassen nie klingeln
als zu der Weihnachtszeit.

*

Je mehr wir Weihnachten entgegenhasten,
desto mehr entfernt es sich von uns.

*

Der Baum ist abgeschmückt,
aber Weihnachten kann das ganze Jahr über
in mir sein und mich froh machen
und damit auch andere.
Denn ich strahle das aus,
was in mir ist.

*

Um im Dezember nicht im Trüben fischen zu müssen,
zünden wir Kerzen an.

*

Schiebt dir jemand etwas in die Schuhe,
obwohl du nichts verbrochen hast,
dann ist Nikolaus.

*

Weihnachten, das ist kein Datum.
Weihnachten ist ein Gefühl.
Weihnachten ist darum immer möglich.
An jedem Tag kann es für dich Weihnachten sein.
Wenn du es zulässt.

Gut und Böse

Gut und Böse

Wir leben in einer bipolaren Welt,
in der Gut und Böse einander bedingen,
aber die Wahl ist unser!

*

Das Böse kämpft verbissen und mit allen Tricks, aber ihm
steht immer das Gute gegenüber und allem voran die Liebe.

*

Noch wichtiger als eine Tat an sich
ist die ihr zugrunde liegende Motivation.

Denn das Warum
ist immer bedeutsamer
als das Was und Wie!

*

Schau nicht auf das Böse, das Schlechte.
Siehst du es an und erkennst es, so findet es
Resonanz in deinen Gedanken und Gefühlen
und vermehrt sich in Fülle und Aktivität!

*

Wer das Böse besiegen will
muss nur eines tun:
bedingungslos lieben.

*

Das Böse ist wie eine Gitarrensaite,
ohne Resonanzkörper ist es nichts.

*

Das Böse der Anderen macht das eigene Böse nicht besser.

*

Das ausgesprochene
böse Wort hinterlässt immer seinen Stachel,
selbst dann, wenn wir es zurücknehmen.

*

Nur da, wo die Liebe uns nicht ausfüllt,
kann das Böse einziehen.

*

Lieber für Gutes danke sagen,
als was man nicht hat zu beklagen.

*

Nicht eine Sache oder Handlung an sich ist entscheidend,
sondern einzig und allein unsere Reaktion darauf.

*

Was gut ist, lange währt!

*

Die meisten guten Vorsätze zum Jahreswechsel verpuffen
bereits mit dem Silvesterfeuerwerk.

*

Gute Vorsätze sind wie Silvesterraketen:
entflammt, versprüht und schnell verglüht.

*

Gut oder schlecht ist das, was wir daraus machen.

*

Ich tat etwas Gutes, und siehe da, es war schlecht.

Die Bosheit

ist ein zweischneidiges Schwert.
Sie schneidet gleichzeitig
für und gegen dich.

Lachen und Weinen

Der Mensch lacht gern und das ist gut,
weil's Leib und Seele stärken tut.
*
Nur wer mit mir aus vollem Herzen lachen kann,
kann auch mit mir aus tiefster Seele weinen.
*
Ein Lachen tötet zehn Sorgen.
*
Der, der über andre lacht,
sich selber sichtbar schlauer macht!?

Sorgen - Kummer - Tränen

Sorgen

Wer das Heute gut besorgt,
braucht sich um die Zukunft nicht zu sorgen.
*
Sich zu sorgen, ist Verschwendung
von Energie.
*
Sorgen für bedeutet nicht gleichzeitig sorgen über oder um.
*
Wer für andere sorgen muss, lernt,
sich selbst zurückzunehmen.
*
Wer keine wirklich großen Sorgen hat,
dem wirken seine kleinen groß.
*
Ich bete darum, nicht Recht zu haben, bei dem,
was ich auf uns zukommen sehe.

Kummer und Tränen

Um einen Kummer zu überwinden, müssen wir ihn erst
einmal voll und ganz zulassen, damit er uns nicht aus dem
Hinterhalt angreifen kann.
*
Um sich von einem großen Kummer zu befreien,
sollte man eine Zeit ganz in ihn eintauchen
und in seinen Tränen baden.
Danach aber gilt es, sich gut abzutrocknen
und dem Leben entgegenzugehen.
*
Tränen können einen Schmerz nicht wegnehmen,
aber sie können ihn aufweichen.
*
Je heißer die Tränen,
desto schneller schmilzt das Eis der Traurigkeit.
*
Das Salz der Tränen heilt Wunden des Herzens.
*
Tränen heilen die Wunden des Herzens.
*
Obwohl Tränen befreien, halten wir sie fest.
*
Tränen lösen Schmerzen, aber keine Probleme.
*
Tränen, die du mich weinen lässt,
weinst auch du.
*
Viel Kummer bliebe uns erspart,
wären wir ehrlich mit uns selbst.

Stolz

Für jeden Stolz muss man bezahlen,
entweder vorher oder nachher.
*

Hunger frisst Stolz.
*

Grenzsteine sind sehr beliebt.
Von ihnen aus kann man den
eigenen Besitz voll Stolz betrachten.

Gier und Habgier

Gier macht vor nichts Halt,
auch nicht vor sich selbst.
*

Am Buffet des Lebens lohnt es sich,
wählerisch zu sein.
Gier und Unersättlichkeit führen immer
zu einem verdorbenen Magen.
*

Zieh der Gier das Mäntelchen der Moral an,
und es ist alles erlaubt.
*

Zieh der Gier das Mäntelchen der Moral an,
und man wird dich für deine guten Taten loben.
*

Gier fängt früher an, als man denkt.
*

In der Gier nach mehr
verlieren alle Werte an Wert.
*

Deflation ist, wenn die Gier sich selbst frisst.

*

Deflation: Die Gier frisst sich selbst.

*

Trotz aller Sensationsgier
berührt den Menschen nichts mehr,
als wenn man ihm das gewöhnlich Menschliche
ungewöhnlich nahe bringt.

*

Habgier lässt das gesunde Auge
der Geschäftstüchtigkeit erblinden.

*

Besitzt DU deinen Besitz oder besitzt er DICH?

Neid - Hass - Streit

Neid

Bewunderung kann zu Leistungen motivieren
oder in Neid stagnieren.

*

Wenn jeder nur wüsste, dass alles auch in ihm selber ist,
wäre Neid vollkommen überflüssig.

*

In jedem Menschen ist ALLES angelegt. Wenn er es nur
fließen lassen würde, wäre Neid überflüssig.

*

Alle reden nur vom Neidfaktor,
und was ist mit dem Gönnfaktor?

Hass und Streit

Der Hass ist ein gefräßiges Kind.
Es frisst letzten Endes auch seine eigenen Eltern.

*

Am Hass und Streit zerbrechen Tage.
*
Hass macht hässlich.
*
Streitkultur ist ein Duell mit Platzpatronen.
*
Streit ist Meinungssache.
*
Mancher Streit steht buchstäblich auf Messers Schneide.
*
Messer werden gerne zur Verschärfung
von Argumenten benutzt.
*
Ein Streit ist wie ein Tango.
Einer allein kann ihn nicht tanzen.

Spitze Zungen

Scharfer Verstand schärft die Zunge.
Liebe und Herz entschärfen sie.
*
Eine scharfe Zunge schneidet tief ins Herz.
*
Manche Zungen bräuchten Waffenscheine -
so scharf sind sie.

Versöhnung

Wie oft mag es einen Streit gegeben haben
nur um der Versöhnung willen.
*
Ein Kuss zur guten Nacht
erstickt jeden Streit.

*

Das Schönste am Streit ist die Versöhnung.

*

Manchmal ist es die Versöhnung wert, einen Streit anzufangen.

*

Manche Kontrahenten sind nicht süchtig nach Streit,
sondern nach Versöhnung.

*

Manche Streitsucht sucht Versöhnung.

Schmerz

Dornen in ihrem Rücken

Bei Menschen, die auf Rosen gebettet sind,
sieht keiner die Dornen in ihrem Rücken.

*

Siehst du die Dornen
vergiss die Rose nicht!

Schmerz

Wir können uns befreien von dem,
was uns schmerzt, wenn wir es
einfach loslassen und ihm seinen
Segen geben, ohne zu werten.

*

Mit manchen seelischen Schmerzen
ist es wie mit den Hormonen
nach den Wechseljahren.

Sie bäumen sich immer
noch mal wieder auf,
obwohl sie im Grunde
nichts mehr zu sagen haben.

*

Wer in alten Wunden stochert, darf sich über neue
Schmerzen nicht beklagen.

*

Schmerz macht das Lächeln tiefer.

*

Verletze ich andere, so verletze ich auch
mich selbst.

Trauer

In der Trauer um andere Menschen
betrauern wir gleichzeitig unsere eigene
Sterblichkeit.

*

Wer kann die Freude erkennen,
wenn er die Trauer nicht kennt?

*

In jede Trauer um andere
mischt sich immer auch Erleichterung!

*

Das traurige Herz ist für liebe Worte besonders empfänglich.

*

Warum legst du Rosen auf mein Grab?
Denk nur an mich in Liebe
und meiner Seele Heimat
wird voller Rosen sein.

*

Trauer ist wie eine Frucht:
zuerst ungenießbar hart und bitter,
dann zartbitter und schließlich
von milder, bekömmlicher Reife.

*

Ein fröhliches Herz kann sogar die Traurigkeit
zum Lächeln bringen.

*

Wer in der Traurigkeit lächeln kann,
hat schon das Licht der Hoffnung entzündet.

*

Immer kommt ein neuer Morgen,
so dunkel auch die Nacht mag sein,
und lässt vergehn des Finstern Sorgen,
lässt Licht in unser Herz hinein.

*

Wer sich die Nacht erwählt, dem kann es Tag nie sein.
Wo nur die Trauer zählt, da kehrt nicht Freude ein.

Tod

Tod

Leben und Tod sind nur die zwei Seiten
einer Medaille.

*

Der Tod kommt, wann er will - nicht, wann er soll.

*

Was ist Tod und was ist Leben?
Eines ist ohne das andere nicht denkbar,
denn sie sind im Grunde der Wahrheit eins.

*

Der Tod ist nicht grausam,
er bedeutet vielmehr für die meisten Menschen
eine spirituelle Erfahrung von solcher Schönheit,
Frieden und Glück, dass sie in ihr die Liebe Gottes erkennen,
die ihnen als das Licht des Lebens den Übergang erleichtert.

*

Der Tod ist immer nur ein Wort,
denn jede Seele lebt ja fort.

*

Dass der Tod alle gleich macht,
ist uns die größte Genugtuung.

*

Es gibt gar keinen Tod -
das Leben wechselt nur ständig sein Kleid.

*

Der Mensch lebt um zu sterben
und stirbt um zu leben.

*

Der Tod ist nicht das Ende des Lebens,
sondern der Anfang.

*

Im Tod erneuert sich das Leben.

*

Der Tod findet immer einen Weg.

*

Aus jedem Tod entsteht neues Leben.

*

Was ist der Tod als Gottes andere Tür?

*

Das einzig Unabänderliche ist der Tod.

*

Tote, die bei einer Wahl mitwählen,
haben mit Sicherheit die Deadline nicht eingehalten.

*

Wenn unsere Enkel nur wüssten,
wie schnell sie an unserer Stelle sind.

*

Was mich schreckt, ist nicht mein eigener Tod -
es ist das Zurückbleiben.

*

Besonders am Tod ist, dass er gleichmacht.

*

Der Tod ist nie unser Feind.
Wir machen ihn nur oft dazu,
weil wir ihn nicht verstehen.
Dabei ist er nach der Geburt
die einzige Gewissheit in unserem Leben,
aber nichts, was man fürchten muss.

*

Leben nach dem Tod.
Es soll sogar Leben
zwischen zwei Wochenenden geben.

Scheintot

Scheintot ist,
wer nur auf dem Schein tot ist.
*

Ein Scheintoter ist ein Lebendiger,
der mit einem Schein beweisen kann,
dass er doch tot ist.

VIII. Von Weisen und Narren und vom Glück

Freude, Glück und Unglück, Größe, Harmonie, Rhythmus,
Kunst, Weisheit und Wissen, Chaos, Narren

„WER DAS GLÜCK IM KLEINEN FINDET, HAT GROSSES GLÜCK."

Freude

Was wir geben,
aus unserem reichen Quell heraus
als Labsal und Freude für andere,
das kehrt verstärkt zu uns zurück
und wird uns Labsal, Freude und Glück
in unserem irdischen Dasein
und wird unser sein und bleiben
für alle Ewigkeit.
*

Freude ist die Qualität,
die unserer Seele und unserem Geist
Aufschwung verleiht,
anspornt zu mehr Leistung und Einsatz,
ohne dass diese schwer fallen.
*

Freude erleichtert das Leben,
ist dargestellte Vitalität,
veräußerlichte Liebe,
zu sich selbst, zum Mitmenschen
und zum Leben überhaupt.
*

Kleine Freuden sind grüne Oasen im Alltagsgrau.

*

Freude ist nicht nur die Wurzel
der Motivation, sondern auch ihre Frucht.

*

Macht etwas dir keine Freude
und du musst es tun,
dann tu doch so, als ob es dir Freude macht!

*

Verbreite Freude um dich herum,
wo du auch gehst und stehst,
und erfülle das Herz deines Selbst
und anderer Menschen
mit Leichtigkeit und Zuversicht!

*

Wer nicht über sich selbst lachen kann,
ist lächerlich.

*

Der Weg zur Freude am Leben
steht jedem Menschen offen.
Er muss ihn nur gehen!

*

Ab und an sich treiben zu lassen,
belebt die Freude am festen Kurs.

*

Fröhlichkeit und Lebendigkeit sind höchst
ansteckend, aber nicht pathogen.

Glück und Unglück

Glück

Glück ist nichts, was von außen
zu dir kommt - Glück beginnt innerlich.

*

Höre doch auf, das Glück zu suchen!
Lass einfach nur zu, dass es dich findet.

*

Was ist Glück
Doch nur das Eintauchen in ein Gefühl
des Getragenseins, des Wohlbefindens,
des Verweilenwollens im Augenblick,
den unsere Seele als liebevoll
im wahrsten Sinne des Wortes erkennt.

*

Glück ist zutiefst empfundene Lebensfreude.

*

Glück ist nicht
die Abwesenheit von Widrigkeiten,
sondern die Fähigkeit,
den positiven Wert aller Dinge
erkennen und schätzen zu können.

*

Glück ist nie ein Zustand,
sondern immer ein Prozess.

*

Glück ist weniger ein Zustand als ein Prozess.

*

Als ich aufhörte, das Glück zu suchen und ihm einfach
meine Tür öffnete, trat es ein.

*

Auch in einem trüben Tag wohnt ein bisschen Glück.

*

Wer das Glück im Kleinen findet, hat großes Glück.

*

Wenn wir dem Glück
nicht immer hinterherlaufen würden,
bräuchte es nicht vor uns wegzulaufen.

*

Wer dem Glück hinterherläuft, holt es nie ein.

*

Wenn ich nicht will,
dann kehrt durch nichts das Glück mir ein.
Doch wenn ich will, kann ich mit nichts zufrieden sein.

*

Das größte Glück ist nicht, glücklich zu sein,
sondern glücklich zu machen.

*

Auf der Jagd voraus
nach dem Glück
bemerken viele Menschen
gar nicht, dass es längst
hinter ihnen steht.

*

Manchmal erhalten wir vom Glück einen Vorschuss,
aber nie ist es unverdient.

*

Wer glücklich sein will, findet das Glück überall.

*

Glückliche Tage können fliegen.

*

Glückliche Tage sind wie Schmetterlinge -
bunt schillernd schön und sehr verletzlich.

*

Glückliche Tage lasse fliegen wie Schmetterlinge.
Hältst du sie fest, verletzt du ihre Flügel. Gibst du
ihnen Freiheit, kommen sie vielleicht zu dir zurück.

*

Glück ist wie Wahrheit -
immer da, aber nicht immer erkannt.

*

Es gibt immer nur das Glück für uns,
das wir erkennen und zulassen -
so wie die Wahrheit nur die unsere ist,
die in unseren Rahmen passt.

*

Alle Wege münden zum Glück in uns selbst.

*

Zum Glück kannst du loslassen.

*

Wer sein Glück dauernd hinterfragt, zerstört es.

*

Ob andere mich für glücklich halten,
nützt mir wenig,
wenn ich es nicht selbst auch tue.
*
Glückssache ist nicht Glückssache.
*
Zum Glück ist Glück keine Glückssache.
*
Glück ist nicht Glückssache.
*
Glück ist Ansichtssache.
*
Jugend allein macht nicht glücklich,
aber Glück macht jung.
*
Das Glück trägt viele Kleider.
*
Das Glück kleidet sich schlicht -
selten trägt es Sonntagskleider.
*
Das Glück trägt selten Sonntagskleider.
*
Glücklich machen macht glücklich.
*
Manche Glücksfälle entpuppen sich
als raffiniert verzuckerte Prüfungen.
*
Es liegt eine gewisse Tragik darin,
dass wir unser Glück oft erst erkennen,
wenn es vorbei ist.
Im Nachhinein merken viele Menschen,
dass sie viel glücklicher waren,
als sie gedacht hatten.
*
Besser oberflächlich glücklich,
als tiefgreifend unglücklich.

*

Glück liegt nicht in Wunscherfüllung.

*

Das Glück wäre nur halb so schön,
wenn man es ganz für sich allein hätte.

*

Um Glück empfinden zu können,
muss man sein Herz öffnen.

Wahllokal des Glücks

Auch zum Glücklich- oder Unglücklich-Sein
gibt es eine Wahl,
und das Wahllokal liegt in uns selbst.

*

Menschen schieben gerne
ihr Versagen auf andere
oder die Umstände,
die schlechten Voraussetzungen.
Dabei haben wir es letzten Endes
immer selbst in der Hand,
etwas Gutes auch aus
schlechten Umständen zu machen.

Liebe und Glück

Was wir mit Gewalt
versuchen zu erreichen,
wird sich uns entziehen -
das Glück und die Liebe
schenken sich spielerisch.

*

Was Liebe gedacht und getan und empfunden,
bereitet dem Menschen die glücklichen Stunden.

*

Zu lieben und geliebt zu werden,
das ist das größte Glück auf Erden.

*

Körper an Körper,
Haut an Haut tut der Seele gut.

*

Glück ist Liebe und Liebe ist Glück.

Unglück

Je größer unser Unglück,
desto mehr rüttelt es an unseren
selbst geschmiedeten Ketten,
erschüttert gar unsere Grundfesten
und reißt uns die sorgsam
gepflegte Maske vom Gesicht.
Oder ist genau das
unser Glück?!

*

Dein Unglück zieht dir die Maske vom Gesicht.

*

Das Unglück bereitet den Boden
für die Saat des Glücks.

*

Nicht jedes Glück ist Segen,
nicht jedes Unglück Fluch.

*

Manch Unglück von heute
entpuppt sich als Grundstein
des Glückes von morgen.

*

Bücher, Zeitungen und Fernsehen sind voll von Unglück -
Unglück ist ergiebiger als Glück.

Größe

Wahre Größe zeigt sich im
lebenden Ausdruck von Glaube, Treue,
Toleranz, Geduld, Hilfsbereitschaft,
Heiterkeit, Verständnis und Liebe.
*
Um Fehler zu machen,
reicht's aus, dass du klein.
Es braucht jedoch Größe,
gestehst du sie ein.
*
Größe erkennen wir daran,
dass jemand über sich
hinauswächst.
*
Um die eigene Kleinheit zuzugeben,
fehlt vielen die Größe.

Harmonie

Harmonie ist der ideale Zustand des Kosmos.
*
Menschliches Glück braucht Harmonie,
und Harmonie ist aufgelöste Dissonanz.
*
Innerer Frieden, Glück und Harmonie
bereiten einem Menschen schon zu Lebzeiten
seinen eigenen kleinen Himmel auf Erden.
*
Unabdingbare Voraussetzung
für menschliches Glück ist Harmonie.
*
Ein wahrhaft großer Mensch ist innerlich
eingestimmt auf die Harmonie mit Gott.

*

Harmonie im Farbenspiel
ist Rhythmus, der auf Leinwand fiel.
*
Wenn sich die Töne Vernunft und Gefühl
auf Augenhöhe begegnen,
entsteht ein harmonischer Akkord.
*
Harmonie um jeden Preis
ist nicht mehr Güte, sondern Lüge.
*
Dissonanz ist Teil der Harmonie.

Rhythmus

Was im Banalen sich verliert,
wird durch den Rhythmus potenziert,
weil das, wodurch das Leben währt,
im Rhythmus erst sich selbst erfährt.
*
Sich gegen den Rhythmus
einer Melodie zu bewegen, bedeutet,
in Synkopen zu tanzen.
*
Wer Takt besitzt, fällt beim Tanz mit seinen
Mitmenschen nicht aus dem Rhythmus.

Kunst

Was ist Kunst?

Kunst ist, schwierige Dinge
so einfach zu verpacken,
dass jeder meint, sie zu verstehen.

*

Die größte Kunst ist die Natur.

*

Was nützt die größte Kunst,
wenn sie das Herz der Menschen nicht erreicht?

*

Wo die Regel den Weg vorgibt,
bleibt die Kunst auf der Strecke.

*

Wenn manche Kunst nur nicht so künstlich wäre!

*

Kunst bedeutet gleichzeitig
Erdung und Himmelsflug.
Mich selbst und alles.
Teil und Einheit.

*

Kunst ist der gelungene Spagat
zwischen Erde und Himmel.

*

Nach allen Regeln der Kunst gibt es nicht -
entweder Regeln oder Kunst.

*

Existieren kann jeder,
aber leben ist eine Kunst.

*

Das Dasein ist keine Existenz-,
sondern eine Lebensfrage.

*

Glück ist keine Kunst, sondern eine
Frage der Einstellung.

Wann ist man Künstler?

Wenn Tanzschritte wahrhaftig Sprache sind und Töne Tanz,
wenn Worte Gesang und Farben Gefühl werden, ist des
Schöpfenden Herz ganz bei sich und seiner Seele.

*

Kein Mensch wird durch das Studium
der Kunst zum Künstler.
Zum Künstler wird man nicht - man ist es.
Die Frage ist nur: In welchem Maße?

Weisheit und Wissen

Weisheit

Weisheit ist die glückliche Ehe
des Wissens mit der Liebe.
*
Die Weisheit hat eine bescheidene Mutter -
die Demut.
*
Weisheit ist liebevolles Wissen.
*
Die Weisheit weiß,
dass es ein Verständnis gibt,
das Klugheit und Wissen
durchdringt und übersteigt.
*
Die Klugheit ist das Vorzimmer der Weisheit.
*
Weisheit ist Verständnis, das
Klugheit und Wissen transzendiert.
*
Das Wissen kann der Weisheit
nicht das Wasser reichen.
*
Weisheit ist,
alles im Leben zu segnen und nichts zu werten.
*
Die Weisheit verhält sich zum Wissen
wie der Aphorismus zum Essay.

*

Was weiß Wissen schon von Weisheit?
Es kommt vor, dass sie sich nie im Leben begegnen.

*

Wo Weisheit draufsteht,
ist nicht immer Weisheit drin.

*

An dem Herzen des Weisen
nagen keine unerfüllten Wünsche.

*

Die Freiheit des weisen Menschen
ordnet sich der Weisheit Gottes unter.

*

Weisheit ist wie Alzheimer
keine zwangsläufige Begleiterscheinung des Alters.

*

Erst durch die Liebe reift Wissen zu Weisheit.

*

Es gibt keine Demut ohne Weisheit
und keine Weisheit ohne Demut.

*

Der Mensch wird in Häppchen weise.

*

Gut, dass man Weisheit nicht kaufen kann.
Viele Menschen wüssten gar nichts mit ihr anzufangen.

*

Die Weisheit und die Torheit haben eines gemeinsam.
Sie sind an kein Alter gebunden.

*

Alter schützt vor Torheit nicht -
wie Jugend nicht vor Weisheit.

*

Der Weisheit letzter Schluss?
Dann muss es davor schon
einige Schlüsse gegeben haben.
Warum also nicht auch danach?

*

Wiederholung ist nicht die Mutter der Weisheit,
sondern nur des Gedächtnisses.

Wahre Weisheit

Die Ware Weisheit ist nicht die wahre Weisheit.
*
Des Wissens Kern ist reine Liebe,
nur wahre Weisheit findet sie.
*
Weisheit ist Essenz des Wissens -
in Liebe auf den Punkt gebracht!
*
Des Wissens Kern ist reine Liebe,
nur wahre Weisheit findet sie,
denn Weisheit ist Essenz des Wissens,
in Liebe auf den Punkt gebracht.
*
Das ist die wahre Weisheit,
die gefunden hat die Liebe
als Träger allen Lebens,
als Ursprung, Weg und Ziel.
Des Wissens Kern ist reine Liebe,
nur wahre Weisheit findet sie,
denn Weisheit ist Essenz des Wissens,
in Liebe auf den Punkt gebracht.

Schwere ... los

Des Weisen Herz ist heiter und leicht -
er betrachtet die Welt schwerelos!
Er ist die Schwere der Welt los.

Durststiller

Nur vom Wasser des Lebens zu wissen
reicht nicht, um unseren Durst zu stillen.
Wir müssen schon unseren Krug
an dieser Quelle füllen
und daraus trinken.
Immer wieder!

Weise Worte

Weise Worte sind wie Wasser,
das langsam aber sicher
durch verkrustete Erde sickert
und sie fruchtbar macht.

Wissen

Sehen ist Wissen, Wissen ist Sehen.
Das eine bedingt das andere.
*
Was wir an Kenntnis und Wissen
besitzen und erlangen,
ist Teil des kosmischen Bewusstseins
und trägt wiederum dazu bei,
dieses kosmische Bewusstsein
zu vermehren und zu vergrößern.
*
Handle weise, sei bedacht,
Wissen gibt dem Menschen Macht.
*
Wissen will immer weitergegeben werden.
Es ist wie Kapital, das man anlegen muss,
damit es reichen Gewinn bringt.

*

Wertlos an sich ist reines Wissen,
doch wie fruchtbar und reich ist das,
was du mit ihm vermagst.

*

Lass andere Menschen immer teilhaben
an deinem inneren Reichtum.
Vielleicht braucht gerade dein Nachbar,
was du weißt, und sei es
noch so gering in deinen Augen,
dass du dich beinah
deiner Unwissenheit schämst.

*

Lehre ist bloße Fülle von Wissen.
Erleuchtung aber ist erfüllte Leere.

*

Wissens- und Kompetenzlücken
lassen sich wunderbar
durch Überzeugung füllen.

*

Wovon ich nichts weiß,
kann ich auch nichts wiederfinden.

*

Meist wissen die Menschen
am wenigsten über das Leben,
die mitleidig und verächtlich
auf das Wissen anderer schauen.

*

Im großen Spiel des Lebens
ist der unwissende Mensch
Spielball der Mächtigen,
während der wissende
zumindest Mitspieler sein kann.

*

In allem, was wir wissen und glauben
oder glauben zu wissen,
ist ein Aber.

*

Wer nichts weiß,
stellt entweder alles in Frage oder nichts.

*

Wer nichts weiß,
dem kann man alles weismachen.

*

Es ist besser,
zu wissen als zu glauben,
aber es ist besser,
etwas zu glauben
als nichts zu wissen.

*

Einem Unwissenden kann man ALLES erzählen.

*

In leeren Köpfen sammelt sich gern heiße Luft.

*

Hohle Köpfe tragen sich leichter hoch.

*

Wissen ist Macht. Macht macht Wissen.

*

Der Wissende fürchtet nicht.

*

Aus falschem Wissen keine richtige Entscheidung.

*

Der Weisheit und Gesetze Sinn,
liegt nicht nur in Erkenntnis drin,
denn jedes Wissen, gleich wie viel,
ist nur der Weg und nicht das Ziel.

Wissenschaft

Die Geschichte der Wissenschaft ist eine unendliche Kette
von Irrtümern und widerlegten Wahrheiten.

*

Jeder Stand der Wissenschaft ist nur der letzte Irrtum.

*

Echte Wissenschaft
setzt hinter jedes Ergebnis ein Fragezeichen -
Pseudowissenschaft ein Ausrufezeichen.

*

Jedes Ergebnis ist subjektiv -
es sei denn, ich kann es messen.

*

Die Wissenschaft weiß - das glaubt sie ganz fest.

*

Der letzte Irrtum der Wissenschaft,
falls er durch Mutige als solcher erkannt wird,
ist die erste Erkenntnis von morgen.

*

Wissenschaft ist:
Irrtum auf den letzten Stand gebracht.

*

Der moderne Wissenschaftsmensch weiß.
Das glaubt er ganz fest.

*

Die heutige Wissenschaft ist wie ein Streichelzoo.
Hier wie dort erfühlt man die Realität.

*

Wissenschaft heißt heute: Die Mehrheit hat Recht.

*

Manche Wissenschaftler verdienen
eher den Titel Unwissenschaftler.

Verhältnis

Traubensaft verhält sich zum Wein
wie Wissen zur Weisheit.

*

Hefe macht aus Traubensaft Wein und
Liebe aus Wissen Weisheit.

*

Alt wird der Mensch von ganz allein.
Doch reif und weise? Nein!

Chaos

Würd Chaos unsre Welt regieren,
wir würden sterben und erfrieren.
Die Ordnung wäre dann dahin
und unser Leben ohne Sinn.
Wär ohne Gnade, Hoffnung, Liebe,
nichts von Bedeutung uns mehr bliebe.

*

Das Chaos der Natur folgt strengen Gesetzen.

*

Wo der Mensch in die Harmonie eingreift,
entsteht Chaos.

*

Das Chaos ist der Unverstand,
der sich gelöst von Gottes Hand.

*

Manche Dinge sind wie Naturgewalten -
man muss sie einfach ertragen.

Narren

Der Narr und der Weise wiegen nicht auf
die Vernunft gegen die Unvernunft,
das Böse gegen das Gute,
das Schöne gegen das Hässliche.
Sie wiegen nicht, sie werten nicht,
sie leben, sie lieben.
Und diese Liebe lehrt sie alles,
was sie wissen müssen.

*

Da es so irre Viele gibt, gibt es so viele Irre.

*

Ein Narr geht noch immer
mit dem Vertrauen eines Kindes durchs Leben,
ein Weiser schon wieder.

*

Was der Narr nicht verloren,
hat der Weise gefunden.

*

Verachtet mir die Narren nicht!
Sie leben zweifellos glücklich.

*

Karneval:
Ist die Maske an- oder abgelegt?

Entschuldigung!

Für die meisten meiner Sprüche kann ich gar nichts,

die standen auf einmal so da.

REGISTER

Gudrun Zydek

Schriftstellerin, Lyrikerin und Aphoristikerin
Mitglied im Deutschen Aphorismus-Archiv (DAphA e. V.)

eMail: info@gudrunzydek.de
www.gudrunzydek.de

Komm, ich zeige dir den Weg!

Unser Weg durch das Leben in inspirierten Schriften

Titelbild: Michael Zydek

ISBN 3-8267-4376-8
265 Seiten

Himmlische Regentropfen

Gedichte

Titelbild: Michael Zydek

ISBN 3-8267-4576-0
117 Seiten

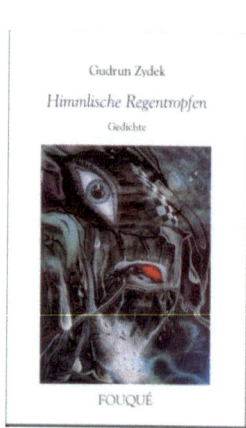

Die Bücher sind über die Autorin erhältlich.